FACULTÉ DE DROIT DE PARIS

DE LA
CESSION DES CRÉANCES

EN DROIT ROMAIN

ET

EN DROIT CIVIL FRANÇAIS

PAR

GUSTAVE SUREAU

AVOCAT A LA COUR D'APPEL DE PARIS

PARIS

TYPOGRAPHIE N. BLANPAIN

7, RUE JEANNE, 7

—

1878

DE LA
CESSION DES CRÉANCES

EN DROIT ROMAIN

ET

EN DROIT CIVIL FRANÇAIS

THÈSE POUR LE DOCTORAT

PAR

Gustave BUREAU

AVOCAT A LA COUR D'APPEL

Né à Chartres (Eure-et-Loir)

*L'acte public sur les matières ci-après sera soutenu
le mercredi 27 février 1878, à 2 heures.*

Président : M. BEUDANT

	MM. DUVERGER,		
	LABBÉ,	Professeurs
SUFFRAGANTS :	LÉVEILLÉ,	
	CASSIN,	Agrégés
	RENAULT.	

PARIS

TYPOGRAPHIE N. BLANPAIN

7, RUE MASSE, 7

1878

A MON PÈRE

A MA MÈRE

DROIT ROMAIN

DE LA CESSION DES CRÉANCES

NOTIONS PRÉLIMINAIRES

Il est deux questions qu'il faut nettement distinguer dès le début de cette étude de droit romain: 1° La vente d'une créance est-elle possible ? 2° Les créances sont-elles cessibles en droit romain ?

Sur la première question, le doute n'existe pas. Incontestablement oui, on peut faire à propos d'une créance la convention synallagmatique d'acheter et de vendre. Il n'en est pas en effet en droit romain comme dans notre législation actuelle où la vente opère, par elle-même et par le seul effet de la convention, la transmission de la propriété. En droit romain, la vente est seulement génératrice d'obligations, et c'est précisément pour se libérer de son obligation que le vendeur doit employer l'un des modes reconnus par la loi pour transmettre à l'acheteur la propriété de la chose vendue.

Alors se pose notre seconde question. La créance est-elle cessible? Le créancier, au lieu de poursuivre lui-même l'exercice de son droit, peut-il en investir une autre personne, de telle façon qu'elle devienne créancière à sa place?

Cette question peut paraître étrange, car dans nos idées modernes, la cessibilité des créances ne soulève aucune difficulté de principe. La propriété emporte la faculté de disposer et nous appliquons cette règle aussi bien aux choses incorporelles qu'aux choses corporelles. Pendant longtemps néanmoins on a admis sans controverse, et aujourd'hui encore c'est l'opinion la plus répandue, que les créances étaient incessibles en droit romain.

M. Accarias (*Précis de droit romain*, t. II, n° 489) nous indique le point de vue auquel se sont placés les jurisconsultes romains : « L'obligation, dit-il, consiste en un rapport tout personnel, d'où cette conséquence : tandis que la propriété s'aliène facilement, parce que le droit exclusif et absolu qu'elle comporte ne se modifie pas en changeant de titulaire, l'obligation, elle, ne peut subsister qu'entre les personnes qui ont été parties à sa formation ; car, l'une d'elles venant à changer, la relation personnelle ne serait plus la même, le droit serait altéré. Donc, non-seulement il n'est pas au pouvoir du débiteur de s'affranchir de la charge qui le grève en la faisant passer sur la tête d'un tiers. en cela les déductions de la logique s'accordent pleinement avec l'équité et les besoins de la pratique ; mais le créancier lui-même, doctrine quelque peu subtile et incommode, ne peut jamais, à titre particulier, transporter à qui que ce soit sa qualité et ses droits. Bien mieux, c'est en vain que le créancier et le débiteur s'accorderaient pour substituer une tierce personne à l'un d'eux : cette substitution ne peut s'opérer que moyennant l'extinction de l'obligation actuelle et la création d'une obligation nouvelle. »

A la vérité, les créances comme les autres biens sont transmissibles aux héritiers ; mais il n'y a là rien de contraire à la nature de l'obligation, telle que l'ont conçue les Romains. Le rapport d'obligation est établi entre deux personnes juridiques, et l'héritier, continuateur de la personne du défunt, entre dans l'obligation sans qu'aucun des termes du rapport soit changé.

Il est encore vrai que le *paterfamilias* peut devenir créancier par l'intermédiaire des personnes qui se trouvent sous sa puissance, fils de famille ou esclaves. Mais il n'y a pas là une véritable transmission. Le fils de famille ou l'esclave qui stipule n'agit nullement dans son intérêt personnel ; les effets du contrat ne se réalisent pas dans sa personne, mais dans celle du *paterfamilias* qui est réputé y avoir figuré lui-même (L. 45, pr., § 1. *De verb. oblig.*).

Nous aurons à revenir tout à l'heure sur cette théorie de l'incessibilité des créances : mais nous pouvons indiquer dès maintenant une application remarquable de ce principe que nous trouvons dans un texte de Gaius (Com. II, § 35). Postérieurement à son adition, un héritier fait *in jure cessio* de toute l'hérédité à un tiers ; celui-ci devient bien propriétaire de toutes les choses corporelles qui dépendent de la succession, comme si chacune d'elles lui avait été cédée séparément et successivement au moyen d'une *in jure cessio* spéciale, mais il n'acquiert pas les créances héréditaires : « debita vero pereunt, eoque modo debitores hereditarii lucrum faciunt. »

Et quelques lignes plus bas, ayant terminé l'exposé des manières de transmettre la propriété, Gaius a soin d'ajouter : « Obligationes, quoquo modo contractæ, nihil eorum recipiunt. Nam quod mihi ab aliquo debetur, id si velim tibi deberi, nullo eorum modo quibus res corporales ad alium transferuntur, id efficere possum. » (Com. II, § 38.)

Malgré ces raisons, malgré ces textes, la théorie de l'incessibilité des créances est aujourd'hui très-vivement attaquée par des auteurs jouissant d'une très-grande autorité. Nous examinerons les objections proposées, nous discuterons les textes qu'on nous oppose. Contentons-nous d'indiquer ici que nous persévérons dans la théorie traditionnelle de l'incessibilité, et que nous prenons ce principe comme point de départ de notre étude.

Cette incessibilité des créances, que les Romains considéraient comme le résultat nécessaire des principes, était fort gênante dans la pratique; il peut se faire qu'un créancier à terme ait besoin de se procurer de l'argent de suite; comment s'y prendra-t-il s'il ne possède que cette créance et s'il ne peut la céder? C'était un grave inconvénient, contre lequel on chercha de bonne heure à réagir. Toutefois les jurisconsultes, fidèles à leur système habituel, s'efforcèrent d'éluder les conséquences fâcheuses du principe sans atteindre le principe même. Le problème consistait à trouver un procédé pratique qui produisît autant que possible les effets d'une transmission entre-vifs.

C'est dans la recherche et dans l'examen des moyens employés pour arriver à la solution de cette difficulté que devra consister notre travail. Nous suivrons les efforts des jurisconsultes cherchant à satisfaire autant que possible aux exigences de la pratique, sans toutefois s'attaquer au principe : ce sera donc, en quelque sorte, une étude historique en même temps que juridique.

C'est à mesure que la procédure romaine a progressé que les procédés employés pour atteindre le but poursuivi, ont pu, eux aussi, se perfectionner et donner des résultats plus parfaits.

Ainsi, tant que dura le système des actions de la loi, on ne connut qu'un seul moyen de négocier les créances : la *delegatio*.

Grâce à l'introduction de la procédure formulaire, un expédient beaucoup plus satisfaisant : la *procuratio in rem suam*, devint possible.

Enfin, au moyen des *actions utiles*, on réalisa un progrès tel que la question de savoir si les créances sont ou non cessibles n'a plus guère, dans le dernier état du droit, qu'un intérêt purement théorique.

Ainsi le principe, toujours respecté, finit par être complétement tourné en fait; en sorte que, quoique nous soutenions le principe de l'incessibilité des créances, on ne pourra cependant pas nous reprocher le titre de cette thèse. Sous le bénéfice de cette observation, nous emploierons, pour la commodité de l'exposition, les expressions de *cédé*, de *cédant* et de *cessionnaire*, pour désigner le débiteur, le créancier et celui auquel le créancier veut transmettre son droit.

CHAPITRE PREMIER

DE LA DELEGATIO

Le premier moyen employé pour arriver à la cession des créances fut la novation par changement de créancier ou *delegatio*. Ce moyen nous est formellement indiqué par Gaius. Après avoir dit que les obligations ne peuvent pas se transmettre par les modes usités pour les biens corporels, il ajoute : « Sed opus est, ut, jubente me, ab eo stipuleris : quæ res efficit ut a me liberetur et incipiat tibi teneri; quæ dicitur novatio obligationis. » (Com., II, § 38, *in fine.*)

Le procédé est nettement indiqué : sur l'ordre du créancier, une stipulation intervient entre le débiteur et le tiers auquel le créancier veut transporter son droit; par l'effet de cette stipulation, le débiteur est engagé dans des liens tout nouveaux et dégagé de ceux qui l'unissaient au créancier primitif. Ce n'est donc pas de la *delegatio* elle-même, mais bien de la novation qui en est la conséquence nécessaire, que résulte le changement de créancier; la *delegatio* n'est en effet qu'un mandat pour arriver à l'exécution de la novation.

Pothier définit ainsi la *delegatio* : « Species novationis quæ fit interventu novæ personæ, quæ debitum suscipiat. » (Pand. Just., L. 46, tit. 2, n° 27.) Cette définition, il est vrai, est trop absolue, la *delegatio* n'emportant pas toujours novation. Sachant que Titius a l'intention de me promettre 10,000 sesterces, je lui donne l'ordre de les promettre à Stichus ; l'exécution de ce *jussus* ne constitue évidemment pas une novation, puisque Titius ne me devait encore rien, et pourtant l'opération que nous venons d'indiquer a reçu le nom de *delegatio*. C'est ce qui résulte clairement d'un texte de Paul (L. 42, D. 42-1). Néanmoins il faut bien reconnaître que la *delegatio* emporte novation toutes les fois qu'elle est employée pour remédier à l'incessibilité des créances, puisqu'alors une obligation existe entre le déléguant et le délégué et qu'il s'agit précisément de la remplacer par une autre.

Dès lors, il paraît aisé d'en déterminer les effets : la novation est la substitution d'une obligation à une autre ; de là des conséquences faciles à tirer et d'ailleurs indiquées dans les textes de Gaius.

Mais voici que, combattant cette théorie de la novation, à laquelle se rallie le plus grand nombre des interprètes, quelques auteurs soutiennent que la novation n'est qu'une transformation de l'obligation dans le sens littéral du mot. Cette thèse a même été adoptée et développée par un savant professeur de la Faculté de droit de Paris. (M. Gide : *Revue de législation*, année 1870-1871, t. ., p. 110 et suiv.)

On voit bien la différence entre ce système et la

doctrine communément reçue : d'après l'opinion générale, la novation emporte extinction d'une obligation et création d'une obligation nouvelle ; au contraire, les dissidents prétendent que l'obligation novée n'a pas péri, qu'elle a simplement changé de forme. De là on conclut que la cessibilité des créances n'est pas plus étrangère au droit romain qu'à notre propre législation et que la novation doit être considérée non pas seulement comme un *moyen*, mais bien comme un *mode* de transférer l'obligation. La novation serait pour les créances ce qu'est la mancipation ou la tradition pour les choses corporelles. (M. Gide, *loc. cit.*)

Nous repoussons ce système, l'idée qui en est la base nous paraissant complétement inadmissible ; nous avons des textes formels qui nous montrent que la novation ne peut pas laisser subsister l'ancienne obligation au profit du cessionnaire.

Les jurisconsultes romains considèrent l'effet extinctif de la novation comme absolu, aussi pleinement absolu que celui produit par le payement lui-même ; et nous trouvons même ces deux modes d'extinction rapprochés dans plusieurs textes. Ainsi Venuleius : « Novatione quoque liberare eum ab altero poterit, cum id specialiter agit ; eo magis cum *eant stipulationem similem esse solutioni* existimemus. » (L. 31, § 1, D., *de Noval. et delegat.* — Voyez aussi L. 21, § 3, D., *de Annuis legatis et fidecom.*)

Ce qui prouve mieux encore, que la novation éteint l'ancienne obligation : ce sont les conséquences qui, de l'avis de tout le monde, en résultent, conséquences découlant logiquement de la théorie que nous adoptons, et inconciliables avec celle que nous repoussons.

En effet, si la délégation est bien une cession de créance, si le délégataire a succédé au créancier primitif comme sujet actif de l'obligation, si c'est le même rapport qui subsiste entre le débiteur et le nouveau créancier, il tombe sous le sens que le délégué aura toujours les mêmes moyens de défense que pouvait invoquer le déléguant. Or, le contraire résulte des lois 12 et 19. D. 46-2, dont la netteté et la précision ne permettent aucune hésitation. Le débiteur délégué ne peut exciper vis-à-vis du délégataire des moyens de défense dont il était armé contre l'action du déléguant. C'est donc qu'un lien nouveau, complétement distinct de celui qui existait entre le déléguant et son débiteur, s'est formé entre celui-ci et le délégataire.

Enfin, si les jurisconsultes romains considèrent la délégation comme un *mode* de cession véritable, ils doivent admettre que tous les accessoires qui améliorent ou fortifient la créance entre les mains du déléguant passent au délégataire. C'est bien en effet ce que décide le Code civil (art. 1692) qui incontestablement reconnaît la cessibilité des créances.

En droit romain, au contraire, il est constant
que les garanties qui assuraient au déléguant le
payement de sa créance ne profitent pas au délégataire : l'hypothèque, le gage et le cautionnement périssent ; les intérêts cessent de courir et la
clause pénale devient lettre morte (lois 15, 18, 27,
Dig., 46-2). Comment expliquer l'anéantissement
de ces sûretés accessoires si importantes si on
n'admet pas qu'il est la conséquence de l'extinction de l'obligation principale, dont elles suivent
nécessairement le sort ?

Il est vrai qu'en fait rien n'empêchait les parties qui voulaient maintenir les sûretés accessoires, de les rattacher à la nouvelle créance par
une convention spéciale (L. 11, § 1. D. 13-7. --
L. 3, pr. D., 20-4. — L. 30, D. 46-2). Mais pourquoi ces mesures sont-elles nécessaires, si la cession a pu se faire sans amener la création d'un
droit nouveau destiné à remplacer l'ancien ?

Autant ces procédés sont logiques et raison-
nables dans notre système, autant ils sont inexpli-
cables dans l'autre. Si, en effet, la créance primitive n'est pas éteinte, c'est à tort et sans utilité
aucune que les jurisconsultes ont imaginé cet
anéantissement des accessoires de la créance. Au
contraire, si on reconnaît avec nous à la novation
un effet extinctif, on est forcé de reconnaître que
l'emploi des procédés en question s'impose dans
le cas où le cessionnaire veut jouir des mêmes garanties que le cédant.

En résumé, deux idées se dégagent de tout ce que nous avons dit : 1° La stipulation novatoire entraîne avec l'extinction de l'ancienne obligation et de ses accessoires la suppression de tous les rapports entre le déléguant et le délégué ; la novation joue ici au profit de ce dernier le rôle d'un payement. 2° La stipulation novatoire fait, à l'inverse, surgir, entre le délégué et le délégataire, un nouveau rapport d'obligation qui a le même objet que l'ancien, et auquel par le moyen d'une convention spéciale on peut rattacher toutes les garanties qui fortifiaient celui-ci.

Tels sont les résultats de l'expédient qui fut le premier employé pour arriver à la transmission des créances, résultats bien imparfaits et n'atteignant qu'en partie le but que se proposaient les parties.

A la vérité, la délégation présente ce grand avantage que le délégataire est définitivement investi d'un droit désormais indépendant de la volonté du déléguant et qu'il est à l'abri des exceptions que le débiteur aurait pu opposer à son premier créancier.

Mais par contre le délégataire se trouve, à moins de conventions spéciales, privé de toutes les sûretés qui garantissaient la créance et des avantages accessoires qui y étaient attachés. En outre, l'inconvénient capital de la délégation, c'est qu'elle nécessite le concours du débiteur. (L. 1, C. 8-42.) Il faut que celui-ci consente à prendre un nouvel engagement envers la personne que son créancier lui désigne; si donc il refuse, l'opération est par cela seul empêchée. Bien plus, tout accident qui mettra le débiteur dans l'impossibilité de participer à une stipulation comme promettant rendra tout à fait inapplicable ce moyen de suppléer à la cession. C'est là assurément un vice radical de l'expédient, qui devait en rendre l'application souvent difficile et quelquefois impossible.

CHAPITRE II

DE LA PROCURATIO IN REM SUAM

SECTION PREMIÈRE

DE LA NATURE DE LA PROCURATIO IN REM SUAM

Tant que dura le système des actions de la loi, il fallut se contenter de la délégation, tout insuffisante qu'elle fût, pour arriver à la transmission des créances. Ce n'est que lorsque le système de la procédure formulaire fut admis que les nouveaux principes sur la représentation en justice permirent l'emploi d'un expédient, n'offrant pas les inconvénients de la délégation.

Le système des actions de la loi n'admettait pas la représentation en justice ; l'instance ayant conservé son caractère religieux : « Chacun devait en personne, et pour son propre compte, accomplir le rite et prononcer les paroles consacrées. » (Ortolan, t. II, Instit., p. 416.—L. 123, pr. D. 50-17.) Cependant, on avait admis qu'il serait permis de plaider pour autrui dans cinq cas spéciaux : 1º en faveur du peuple (*pro populo*) ; —2º dans les réclamations de liberté en faveur de l'esclave (*libertatis causa*) (Gaius, Com. IV, § 82) ; —3º dans l'intérêt du pupille (*pro tutela*) ; — 4º dans certains cas de vol *ex lege Hostilia* (*pro captivis et pro absentibus reipublicæ causa*) (Inst. Just., L. IV, t. X, pr.) ; 5º dans le cas de l'action *repetunda-*

rum, qui pouvait être intentée par un citoyen pour un pérégrin (*pro peregrinis*) (Cicéron, *in Cœcil. div.*, C. 4, 16 et 29; *lex Servilia*, C. 4 et 5).

En dehors de ces dérogations restreintes, le principe conservait toute sa rigueur. Cette impossibilité de plaider pour autrui suscitait de grands embarras. Aussi, après la révolution accomplie dans la procédure romaine par la loi Æbutia, la représentation en justice fut admise d'une façon générale.

Voici comment les choses se passaient : « Qui « autem alieno nomine agit, intentionem quidem « ex persona domini sumit, condemnationem au- « tem in suam personam convertit. Nam si verbi « gratia Lucius Titius pro Publio Mœvio agat, ita « formula concipitur : si paret. Numerium Ne- « gidium Publio Mœvio sestertium decem millia « dare oportere, judex Numerium Negidium Lu- « cio Titio sestertium decem millia condemna, si « non paret, absolve. » (Gaius, Com. IV, § 86.)

Nous trouvons dans ce texte deux idées :

1° En vertu de la formule, le juge a pour mission d'examiner si la somme de dix mille sesterces est due par N. Negidius à P. Mœvius.

2° La condamnation qu'il prononce, s'il y a lieu, ne doit pas être au profit de Mœvius, mais bien au profit de son mandataire Lucius Titius.

Si nous supposons la prétention de ce dernier fondée, c'est à lui et non au mandant que sera donnée l'action *judicati*; car c'est en la personne du mandataire que se réalisent tous les effets de la condamnation. Cependant, il n'en gardera pas définitivement le profit, et sera tenu de le rendre à son mandant par l'action *mandati* (*Fragm. vat.*, § 317).

Or, qu'arrivera-t-il, si nous supprimons pour le mandataire l'obligation de rendre compte? Il recevra ainsi intégralement le bénéfice de la créance du mandant : ce sera un moyen de céder les créances. C'est ce que le système formulaire permit de faire, et ce qu'on appela la *procuratio in rem suam*, qui peut se définir : Le mandat donné à une personne d'agir en justice pour le mandant et de garder pour elle le profit de la condamnation (Gaius, Com. II, § 39).

Nous n'avons pas parlé, dans cet exposé, de la distinction entre la *cognitio* et la *procuratio*; cette distinction, en effet, est étrangère à notre matière ; ce que nous avons dit du *procurator in rem suam*, nous le disons de même du *cognitor in rem suam* ; car, contrairement à ce qui a lieu pour le *cognitor* en général, c'est dans sa personne que se réaliseront les effets de la condamnation (*Frag. vat.*, § 317, *in fine*).

Par l'emploi de la *procuratio in rem suam*, on remédiait aux inconvénients du principe de l'incessibilité des créances d'une façon plus parfaite que par la délégation. Le cessionnaire se trouvait en effet vis-à-vis du débiteur dans la même situation que le cédant; le mandat ne portant pas atteinte à l'obligation qui subsiste tout entière avec ses accessoires.

En outre, et c'est là le point important, l'opération s'accomplit en dehors du débiteur, dont les parties n'ont plus à obtenir ni même à solliciter le consentement (L. 1, C. 8, 42 : — L. 2, C. 8, 54 ; — L. 3, C. 4, 39).

Malheureusement la *procuratio in rem suam* a aussi des inconvénients, et c'est au prix de sa sécurité que le *procurator* paie ce que cet expédient a de plus avantageux que la délégation. Nous verrons en effet, que tant que le débat judiciaire n'est pas définitivement engagé entre lui et le débiteur, jusqu'à la *litis contestatio*, le *procurator in rem suam* n'est pas, comme le délégataire, investi d'un droit irrévocable et indépendant des événements.

SECTION II

CONDITIONS DE FOND

Ces conditions ont trait :
1° Aux parties.
2° A la créance.

§ I

De la capacité des parties.

Il nous faut distinguer entre la capacité nécessaire pour transmettre et acquérir, et la capacité exigée pour user de la *procuratio in rem suam.*

Il peut arriver en effet, que des parties, capables de contracter ensemble, relativement à une créance, ne puissent donner ou recevoir un mandat *ad litem* (Paul, I, 2, § 3) ; cela n'empêchera pas la convention d'être valable, mais elle ne comporte alors qu'une exécution très-imparfaite, comme sous la procédure des *legis actiones*.

Quant à la capacité exigée pour que la vente soit valablement conclue, la règle générale est celle du droit commun : la cession étant une aliénation, nous demanderons que le cédant ait la capacité d'aliéner et le cessionnaire la capacité d'acquérir.

Mais la capacité de droit commun ne suffira pas toujours, et il est deux cas dans lesquels une personne, quoique capable d'acquérir, ne pourra se rendre cessionnaire d'une créance. Ces restrictions sont inspirées par une idée de protection de débiteurs contre des personnes qui, à raison de leur situation, pourraient exercer sur le procès, une influence funeste aux intérêts du cédé et rendre plus difficile l'exercice de ses moyens de défense.

1° Dioclétien et Maximien, en 287, Arcadius, Honorius et Théodose, en 487, défendirent à tout créancier de céder son droit à un *potentior* (L. 1 et 2, C. 2-14).

Mais que faut-il entendre par *potentior*? On n'a aucun renseignement précis sur la signification exacte de ce terme. S'applique-t-il à toute personne qui, grâce à sa richesse ou à sa situation, jouit d'une influence plus grande que le créancier primitif, ou bien seulement aux magistrats appelés par leurs fonctions à exercer une certaine autorité. Nous serions assez disposé à admettre ce dernier avis, car le système contraire aboutirait dans la pratique à des questions de fait excessivement délicates et nombreuses, puisque dans toute cession de créance, il faudrait rechercher d'abord si le cessionnaire est ou non *potentior*.

La sanction de cette prohibition était énergique ; l'opération était frappée de nullité, et de plus la dette était éteinte : *creditores jactura debiti mulctentur* (L. 2, C. *loc. cit.*). Mais ne subsiste-t-il pas une obligation naturelle ? On l'a nié, cependant il nous semble que l'affirmative est commandée par le texte suivant de Pomponius : « Si pœnæ causa ejus, cui debetur, debitor liberatus est, naturalis obligatio manet, et ideo solutum repeti non potest. » (L. 19, pr. D. 12-6).

2° Les tuteurs ou curateurs ne peuvent acquérir, ni à titre gratuit, ni à titre onéreux, des créances contre les personnes placées sous leur autorité. L'incapacité subsiste même après que la tutelle ou la curatelle a pris fin ; « Et non solum donec fuerit tutor, prohibemus eum ab hujusmodi cessione ; sed neque postea concedimus. (Nov. 72, ch. 5, pr. et § 1).

La sanction est la nullité de la cession et l'extinction du droit cédé ; la Novelle le dit expressément : « Pro non facto id esse, et lucrum fieri adolescentis. » Nous pensons même que les termes : « lucrum fieri adolescentis », sont assez formels pour autoriser une exception à la règle de Pomponius que nous rappelions tout à l'heure, et qu'il ne subsiste même pas d'obligation naturelle à la charge du pupille.

Après avoir recherché quelles sont les personnes capables de transmettre ou d'acquérir une créance, il nous faut voir s'il n'y en a pas parmi ces personnes qui ne peuvent user du moyen que la procédure formulaire autorisait pour réaliser la cession consentie. Ce moyen était, comme nous l'avons vu, la *procuratio in rem suam*, c'est-à-dire un mandat *ad litem* et comme tel recevant l'application des règles du mandat.

Ainsi : les *infames* ne pouvaient ni donner, ni recevoir une *procuratio*. (Paul, Sent., I, 2, § 1.) Cette exception, du reste, était déjà tombée en désuétude quand Justinien en proclama l'abrogation formelle. (Inst. I, IV, 13, § 11.)

Étaient incapables de recevoir une *procuratio*, mais capables d'en donner : les sourds, les muets, les aveugles, les femmes et les militaires. (L. 43, D. 3-3. — L. 1, § 5, D. 3-2.) L'incapacité qui frappait les femmes et les militaires avait aussi fini par disparaître. (Paul, I, 2, § 2. — L. 8, § 2, *de proc.*, 3-3), au moins en ce qui concerne la *procuratio in rem suam*.

En résumé, dans le dernier état du droit l'incapacité de figurer dans un mandat *ad litem* ne subsiste guère que dans les cas où elle se confond avec l'incapacité générale de contracter.

§ II

Des créances qui peuvent être cédées.

En principe, toutes les créances sont cessibles ; il n'y a pas lieu de rechercher à cet égard la cause d'où elles dérivent, l'objet auquel elles s'appliquent, les effets qu'elles peuvent engendrer.

Il n'y a pas à distinguer entre les créances suivant qu'elles sont sanctionnées par le droit civil ou seulement par le droit prétorien. L'obligation naturelle, elle-même, peut être vendue ou donnée. Remarquons seulement quant à cette dernière sorte d'obligation qu'il est impossible au créancier de donner un mandat d'action au cessionnaire et que ce dernier ne peut se prévaloir du droit cédé que sous forme d'exception. (L. 40, pr. D. 36-1.)

Il importe peu aussi que l'obligation soit ou non affectée d'une modalité quelconque ; la condition, le terme ne font pas obstacle à l'aliénabilité : « Spem futuræ actionis, plena intercedente dona- « toris voluntate, posse transferri, non immerito « placuit. » (L. 3, C. 8-54. — L. 17, D. 18-4.)

Nous dirons la même chose des obligations indéterminées ; c'est ainsi qu'on peut céder les créances *in genere* et les créances alternatives. Toutefois, dans cette dernière hypothèse, on se demande si la faculté du choix qui appartenait au cédant passe au cessionnaire.

Paul semble faire de cette option un droit inhérent à la personne du stipulant : « Si stipulatus « fuerim illud aut illud, quod ego voluero, hæc « electio personalis est » (L. 76, pr. D., 45-1).

Cependant on ne voit pas bien la raison pour laquelle cette faculté serait ainsi personnelle et intransmissible. Le cédé ne peut pas se plaindre puisqu'il a accepté, en laissant le choix au créancier, l'obligation de livrer soit l'une, soit l'autre des deux choses comprises dans l'alternative. Les charges qui le grèvent ne sont donc pas augmentées, par ce fait que le cessionnaire remplacera le cédant pour déterminer quel est l'objet dû. Aussi nous croyons plus sûr de trancher la question en faveur du cessionnaire, comme nous y autorise du reste un texte d'Ulpien : « Si quis ita stipula- « tus, Stichum aut decem, utrum ego velim, lega- « verit quod ei debebatur, tenebitur heres ejus, « ut præstet legatario actionem, electionem ha- « bituro utrum Stichum, an decem persequi ma- « lit. » (L. 75, § 3, D. 30.)

Dans l'espèce, il s'agit d'un legs ; mais il n'existe aucune raison de distinguer entre ce cas particulier et tout autre cas de cession.

Nous avons dit qu'il n'y avait pas lieu de rechercher la cause de la créance pour savoir si elle était ou non cessible. Cette règle reçoit une application quant aux délits ou aux quasi-délits ; c'est ce qui ressort de deux textes d'Ulpien (L. 14, pr. D. 47-2. — L. 7, § 1. D. 13-10). On invoquerait inutilement en sens contraire la loi 18, D. 13-10; car Papinien y tranche une question qui n'a rien de commun avec la cession de créance.

Le principe que nous venons de poser, et d'après lequel toutes les créances peuvent faire l'objet d'une transmission, reçoit cependant quelques exceptions. On a cherché à donner un criterium certain au moyen duquel on reconnaîtrait quelles sont les créances incessibles; mais ce criterium n'existe pas.

C'est à tort, en effet, qu'on a prétendu que les créances intransmissibles dans les successions sont incessibles ; car le droit d'usufruit, quoique non transmissible aux héritiers, peut cependant faire l'objet d'une vente (L. 12, § 2. D. 7-1).

Réciproquement les droits litigieux sont transmissibles aux héritiers, et cependant ils ne peuvent être cédés (L. 2, C. 8-37). Il faut dès lors renoncer à une formule destinée à renfermer en elle les caractères de toutes les créances incessibles, et s'en référer uniquement aux textes.

Cela posé, nous voyons qu'Ulpien décide d'une façon formelle que les *operæ officiales*, à la différence des *operæ fabriles* constituent un droit exclusivement attaché à la personne du patron auquel ils sont dus et par conséquent inaliénable (L. 9, D. 38-1). Il en est de même des pensions alimentaires (L. 23, § 2. D. 12-6).

Nous avons dit plus haut que les créances litigieuses ne pouvaient faire l'objet d'une cession, en droit romain. Gaius ne résout la question que pour les biens corporels (C. IV, § 117). Le texte le plus ancien qui fasse application de cette règle aux choses incorporelles est une Constitution de Constantin, datée de l'an 331 (L. 2, C. 8-37). D'après cette loi, on ne doit tenir aucun compte de la vente ou de la donation d'une créance litigieuse et continuer le procès entamé comme si rien n'avait été fait. Justinien se montra encore plus sévère et, non content de déclarer la cession nulle, il établit des peines contre celui qui chercherait à céder une créance litigieuse, et contre celui qui, sachant la créance infectée de ce vice, consentirait à en devenir acquéreur (L. 4, C. eod.).

La prohibition en question ne s'étendait pas aux cessions que l'on peut considérer comme exemptes de toute idée de spéculation. Consentie à titre de dot, de donation *ante nuptias*, ou de partage d'une succession, la cession d'une créance, même litigieuse, est valable. Il en est de même de la cession qui résulte d'une transaction.

Les exceptions que nous venons d'examiner, tiennent à la nature même du droit, mais il en est d'autres qui résultent des règles propres au procédé auquel on avait recours pour arriver à réaliser la cession.

Les actions populaires, par exemple, ne pouvaient pas être cédées, car : « Is qui eam movet, procurationem dare non potest. » (L. 5, D., 47-23).

Relativement aux actions *vindictam spirantes*, telles que l'*actio injuriarum*, une distinction est nécessaire. Deux voies sont ouvertes pour intenter ces actions, la voie civile et la voie criminelle. Il est de principe que l'action criminelle doit être exercée par la personne lésée elle-même et qu'elle ne peut être confiée à aucun *procurator* (Voy. cep. la loi 11, C. 9-35 contenant une exception à cette règle en faveur de certaines personnes). Il en est autrement pour l'action civile; comme la comparution de la personne au profit de laquelle elle a pris naissance n'est pas exigée, cette action peut être exercée par un *procurator* (L. 11, § 2, *et l.*. 17, §§ 18 et 19, D., 47-10). Ces textes ne distinguant pas entre le *procurator in rem suam* et le *procurator in rem alienam*, nous en concluons que l'action civile dont il s'agit peut être cédée.

CHAPITRE III

DES EFFETS DE LA CESSION

Nous aurons à envisager les effets de la cession : 1° quant aux rapports du cédant et du cessionnaire entre eux ; 2° quant à leurs rapports avec le cédé.

§ I

Des rapports du cédant et du cessionnaire entre eux.

La cession pouvait avoir lieu soit à titre gratuit, soit à titre onéreux.

Quant à la cession faite à titre gratuit, les textes au Digeste et au Code sont peu nombreux. Du reste la situation ne paraît pas très compliquée : pour réaliser la donation, le donataire se fera constituer *procurator in rem suam* à l'effet de poursuivre le débiteur. Mais sa position était inférieure à celle du cessionnaire à titre onéreux, en ce que celui-ci avait le droit d'exiger la mise en possession. Ce n'est que sous Justinien que le donataire d'une créance obtint une position analogue à celle de l'acheteur, par la concession de l'action utile, et se trouve dès lors à l'abri des cas fortuits et de la mauvaise volonté du cédant (L. 33, C. 8-54). Quant à la garantie, il est de principe que le donateur n'en doit pas, à moins de convention particulière (L. 18, § 3, D., 39-5. — L. 2, C. 8-45).

Si la cession était faite à titre onéreux, le cédant était soumis aux obligations ordinaires du vendeur : 1° l'obligation de livrer ; — 2° l'obligation de garantir ; — 3° l'obligation d'être de bonne foi.

Etudions séparément chacune de ces trois obligations.

1° *Obligation de livrer.* — A vrai dire, cette obligation s'applique surtout à la vente des choses corporelles, car ces dernières seules sont susceptibles de tradition ; mais il y a quelque chose d'analogue dans la vente des choses incorporelles. Le vendeur est obligé en effet, de mettre le cessionnaire en mesure de toucher le profit de la créance ; nous savons que cette obligation s'accomplira par la *delegatio* ou la *procuratio in rem suam.*

Remarquons, toutefois, que la remise de l'*instrumentum*, la délivrance du gage et la restitution de tout ce que le vendeur avait indûment reçu depuis la vente, donnaient lieu à des traditions réelles. Nous verrons même qu'à une certaine époque, ces prestations de fait restèrent le seul objet de l'obligation de livrer ; puisque, grâce à l'introduction des actions utiles, la *delegatio* et la *procuratio in rem suam* devinrent inutiles.

La vente comprend les accessoires de la créance, sans qu'il soit nécessaire de le dire expressément :

« Venditor actionis, quam adversus principalem
« reum habet, omne jus, quod ex ea causa ei com-
« petit, tam adversus ipsum reum, quam adver-us
« intercessores hujus debiti cedere debet, nisi
« aliud autem est. » (L. 23, D. 18-4.)

Si donc on use de la *procuratio in rem suam*,
le mandat devra comprendre non-seulement le
principal, c'est-à-dire le droit de poursuivre le débiteur pour le montant de la dette et les intérêts,
mais encore les accessoires de la créance. Il faut
que le cessionnaire reçoive les pouvoirs nécessaires pour poursuivre les fidéjusseurs, user du
gage constitué même depuis la vente (L. 6, D. 18-
14), exercer les actions hypothécaires, et même
intenter l'action *adjectitiæ qualitatis* contre le
père du débiteur si ce dernier est un fils de famille. (L. 14, pr. D. 18-4.)

2° *Obligation de garantir.* — Le cessionnaire
peut être empêché de recueillir le prix de la
créance par deux motifs : la créance peut être inexistante, et, si elle existe, il peut se faire que le
débiteur soit insolvable. Alors surgit la question
de la garantie.

Examinons-la d'abord dans le cas où il n'y a pas
de convention spéciale.

Dans ce cas, le cédant ne garantit que l'existence de la créance, *veritas nominis.* « Si nomen
« sit distractum, Celsus, lib. 9. Dig. scribit, locu-
« pletem esse debitorem non debere præstare;
« debitorem autem esse præstare, nisi aliud con-

venit. » (L. 4, D., 18-4.) Ainsi le cessionnaire est garanti contre la première des deux causes de perte du prix que nous avons indiquées, non contre la seconde : du moment qu'il y a un débiteur, le cédant n'est plus responsable.

Mais que faut-il entendre par l'inexistence de la créance? La créance n'existe pas quand le prétendu débiteur n'a pas contracté d'obligation, ou encore quand il s'est obligé envers un autre que le cédant. Il faut en dire autant, lorsque le débiteur peut repousser le cessionnaire au moyen d'une exception péremptoire. (L. 10, D., 50-16. — L. 13, D., 40-17.) La solution serait différente, si l'action du cessionnaire était paralysée seulement par une exception temporaire. Remarquons cependant que, même dans ce dernier cas, il peut se faire que la garantie soit due : si, par exemple, c'est postérieurement à la cession que le cédant a accordé un délai au débiteur; il est juste, en effet, que le cédant fasse réparation au cessionnaire du préjudice qu'il lui a ainsi causé.

Nous avons vu plus haut que les accessoires suivent le principal : le cessionnaire a droit à tous les accessoires qui améliorent ou fortifient la créance cédée. Quelle est, en ce qui concerne ces accessoires, et notamment les sûretés personnelles ou réelles, qui augmentent les chances de payement, la garantie que doit le vendeur? Nous appliquerons aux accessoires la même solution qu'au principal : le cédant garantit de plein droit l'existence de ces différentes sûretés, mais il ne répond pas de leur efficacité.

Bien entendu, pour que la question de garantie se pose en pareil cas, il faut supposer qu'il a été fait mention de ces accessoires au moment de la cession ; autrement, on se trouve en face du dilemme suivant : ou bien, ces sûretés en réalité n'existaient pas, et alors on ne peut soutenir qu'elles accompagnent de plein droit le principal, et par conséquent il ne peut être question de garantie pour des droits qui n'étaient pas compris dans la cession ; ou bien, elles existaient, et alors elles sont comprises de plein droit dans la vente, mais dans ce cas le cédant est déchargé de toute responsabilité, puisque son obligation de garantie se borne à l'existence du droit.

Que décider dans l'espèce suivante : Une créance a été vendue comme hypothécaire ; une hypothèque a en effet été constituée, mais le constituant n'est pas propriétaire de l'immeuble engagé. Le cédant sera-t-il responsable de l'inefficacité de cette hypothèque? Nous le pensons, parce que la cause de l'inefficacité de l'hypothèque est précisément son existence. (En ce sens M. Labbé, *Traité de la garantie*, n° 24.)

L'opinion contraire a cependant été soutenue par Cujas. (Com. ad responsa Papiniani, L. 68, § 1, *de erect.*), et Pothier (Pand. Just. lib. 13, t. IV), qui ont cru voir dans la loi 30, D. 20-1 et

la loi 68, § 1, D. 21-2, la négation de notre solution.

Le premier de ces textes porte: « Periculum
pignorum nominis venditi ad emptorem pertinere,
si tamen probetur eas res obligatas fuisse. »
D'après cette loi, dit-on, la convention d'hypothèque une fois faite, les risques sont à la charge de
l'acheteur. Nous ferons observer d'abord que le
mot *periculum* a un sens vague, et que rien ne
montre que le jurisconsulte y ait compris l'éviction
du cessionnaire résultant de ce que le constituant
n'était pas propriétaire de la chose engagée. En
outre nous pouvons encore nous appuyer sur le
dernier membre de phrase « ·si tamen probetur
eas res obligatas fuisse, » pour écarter ce texte
de notre débat ou plutôt pour l'invoquer en notre
faveur. Il exige en effet que le bien ait été affecté
par l'hypothèque; or, on ne saurait soutenir,
qu'il l'a réellement été, s'il est démontré que
la constitution d'hypothèque est nulle comme
ayant été faite *a non domino.*

Quant au second texte invoqué, il n'a pas dans
ses termes et dans l'espèce qu'il règle une précision suffisante, pour qu'il soit permis d'affirmer
que la question dont nous nous occupons y est
tranchée. Nous supposons une vente de créance
avec déclaration expresse du cédant sur les garanties; or nous pensons que cette déclaration a
influé sur le prix de la vente; il est donc logique
de décider que si l'hypothèque n'a pas été cons-

tituée par le propriétaire de la chose, la responsabilité du cédant est engagée. Cette décision est conforme aux principes, et pour la repousser il faudrait se trouver en face de textes plus formels et plus précis que ceux qui nous sont opposés.

Nous ne nous sommes occupé jusqu'ici que de la garantie qui existe de plein droit au profit de l'acheteur et par le seul effet du contrat de vente; mais des clauses modificatives peuvent intervenir, et elles auront un effet absolu. Elles peuvent soit aggraver, soit atténuer l'obligation du vendeur. Il n'est pas toujours nécessaire que ces clauses soient expresses, et dans certains cas on pourra les induire des termes du contrat; c'est ainsi que, si la créance a été vendue comme incertaine, il est évident que tous les risques, même celui de l'existence, sont à la charge de l'acheteur (*L. 10. D. 18-4; — L. 11, eod.*).

Il faudra toujours prendre garde d'exagérer la portée des clauses extensives de la garantie. Lorsque le vendeur a garanti la solvabilité du débiteur on doit restreindre son obligation à la solvabilité actuelle. Par solvabilité actuelle, nous entendons la solvabilité du débiteur au moment de la cession sans nous inquiéter de savoir si la dette est dès lors exigible. On a cependant proposé de faire cette distinction, et on a soutenu que le cédant doit être déclaré garant de la solvabilité du cédé au moment où le cessionnaire pourra exercer ses poursuites, de telle sorte qu'il serait responsable de l'insolvabilité survenue entre la cession et l'échéance de la dette cédée. (A. Sande, *Com. de actionum cessione*, ch. IX, n° 20.) On invoque à l'appui de cette opinion la loi 41, § 3, D. 23-3. Mais ce texte est fait spécialement pour la constitution de dot, et on ne peut l'appliquer à notre espèce pour étendre l'obligation de garantie du cédant.

3° *Obligation de ne commettre aucun dol.*

Dans tous les contrats de bonne foi les parties répondent de l'absence de tout dol de leur part. Paul fait au vendeur l'application de cette règle générale. (L. 1, pr., D., 19-4.) En ce qui concerne spécialement le vendeur de créance, Hermogénien nous dit : « Qui nomen quale fuit, vendidit, duntaxat ut sit, non ut exigi etiam aliquid possit, et dolum præstare cogitur. » (L. 74, § 3, D., 21-2.) Le vendeur d'une créance qui, sachant le débiteur complétement insolvable, cache cet état de choses à l'acheteur, commet un dol à raison duquel il doit une réparation.

Il nous reste à parler des obligations du cessionnaire à titre onéreux. Elles sont au nombre de trois.

1° Il doit acquitter son prix : c'est là son obligation principale.

2° Si le payement n'a pas lieu au moment même de la cession, l'acheteur doit les intérêts du prix dans trois cas : *a* lorsqu'il les a promis; — *b* lorsque la créance vendue produit elle-même des intérêts (L. 13, §§ 20 et 21, D., 19-1), — *c* s'il a été mis en demeure (L. 32, § 2, D., 22-1).

3° L'acheteur doit comme le vendeur s'abstenir de tout dol. C'est surtout relativement au vendeur qu'il est parlé de cette obligation, parce que les fraudes sont, par la force même des choses, moins faciles et moins fréquentes de la part de l'acheteur. Cependant on peut concevoir aussi le dol de la part de l'acheteur, par exemple dans l'exercice de son action en garantie.

Les obligations respectives du cédant et du cessionnaire sont sanctionnées par l'action du contrat dont la *delegatio* ou la *procuratio in rem suam* ne sont que l'exécution. Ainsi l'acheteur d'une créance use de l'action *empti* et le vendeur de l'action *venditi* pour obtenir la réalisation de ses droits. On appliquera du reste à la cession à titre onéreux les règles de la vente; c'est ainsi qu'on donnera au juge un pouvoir d'appréciation très large : « Evicta re, ex empto actio non ad pretium duntaxat recipiendum, sed ad id quod interest competit. » (L. 70, D., 21-2). Quand la créance vendue n'existe pas, le contrat ne s'étant pas formé faute d'objet, l'acheteur ne pourra employer l'action *empti* pour répéter le prix par lui payé; mais il arrivera au même résultat par la *condictio sine causa* (L. 7, D. 18-4).

Enfin, si l'une des parties reproche à l'autre une

manœuvre frauduleuse, c'est par l'action *de dolo*
qu'elle pourra obtenir la réparation du dommage
souffert.

§ II

Des rapports du cédant et du cessionnaire avec le débiteur cédé.

Les effets de la cession sont différents, suivant
qu'elle a été réalisée au moyen de la *delegatio*, ou
au moyen de la *procuratio in rem suam*. Nous
nous placerons donc successivement dans l'une et
dans l'autre de ces deux hypothèses.

1° *Delegatio.*

Dans ce cas, les situations sont très-nettement
définies. La créance primitive est éteinte, et c'est
une nouvelle créance qui a pris naissance. Le délégué est complétement libéré envers son premier
créancier, qui reste absolument étranger aux rapports nouveaux qui se sont établis entre le débiteur et le délégataire. Ces rapports sont exclusivement régis par la stipulation intervenue. Le
cédé s'est obligé envers le cessionnaire, l'a accepté
pour son créancier, de telle sorte qu'on n'a plus à
s'inquiéter, ni de la nature de l'obligation préexistante, ni de la personne du créancier primitif, ni
des exceptions ou priviléges que ce dernier aurait
pu invoquer ou qui auraient pu lui être opposés.

Entre le nouveau créancier et le délégué, c'est la stipulation intervenue qui fait loi. La situation est, comme on le voit, très-nette et ne soulève pas de difficultés.

2° *Procuratio in rem suam.*

L'emploi de ce procédé n'amenait pas, comme tout à l'heure, la substitution d'une nouvelle obligation à l'ancienne. C'est bien la créance née au profit du cédant que le cessionnaire va exercer contre le débiteur. Mais dans quelles conditions ? Quel compte faut-il tenir de la personne du cédant qui est resté créancier, et de la personne du cessionnaire, agissant en vertu d'un mandat, mais dans son propre intérêt ?

Pour répondre à ces questions, il est nécessaire de distinguer deux phases bien distinctes. Nous avons dit que c'était la *litis contestatio* qui investissait le cessionnaire de la créance. On comprend donc que la situation doive apparaître toute différente, suivant qu'on l'examine avant ou après la *litis contestatio.*

A. — *Période antérieure* à la litis contestatio.

Examinons pendant cette période les droits du cessionnaire à un double point de vue ; d'abord, quant à leur nature, ensuite quant à leur étendue.

Quant à la nature et à la solidité du droit acquis par le cessionnaire, observons que :

1° Le cédant, resté créancier, peut disposer de la créance cédée.

Tout mandat, en effet, est révocable. Aussi le cédant peut non-seulement réduire indirectement les droits du cessionnaire au moyen de conventions passées avec le cédé ; mais il peut même révoquer la *procuratio* et dépouiller ainsi le cessionnaire de tous les droits qui en résultaient pour lui. Assurément le cessionnaire ainsi dépouillé obtiendra une indemnité en réparation du dommage causé : mais il perdra tout droit de poursuite contre le débiteur.

La révocation peut être tacite ; c'est ce qui arrivera lorsque le cédant actionnera lui-même le débiteur, recevra paiement ou constituera un nouveau *procurator in rem suam*, celui-ci ayant seul désormais le droit de poursuivre le débiteur. Dans tous ces cas le cessionnaire pourra se faire tenir compte par le cédant de tout l'émolument du droit qui lui avait été cédé (L. 23, § 1, D., 18-4).

Le mandat prenant nécessairement fin par la mort du *dominus* ou du *procurator*, la cession sera anéantie par suite du décès de l'une ou l'autre des parties survenu avant la *litis contestatio*. Il ne reste plus alors au cessionnaire ou à ses héritiers d'autre ressource que de solliciter un nouveau mandat du cédant ou de ses héritiers (L. 1, C. 4-10).

Toutes les fois que le mandat sera révoqué, et

quelle que soit la cause de la révocation, le débiteur pourra exciper du défaut de qualité du cessionnaire qui voudrait agir contre lui.

2° Le cessionnaire n'a sur la créance cédée que les droits d'un mandataire. Ainsi, il lui est interdit de céder la créance à un tiers en le constituant lui-même *procurator in rem suam* (L. 8, C. 2-13. — L. 4, § 5, D., 49-1). De plus, comme il n'est qu'un *procurator ad agendum*, il ne peut faire de la créance tous les usages qu'il serait autorisé à en faire s'il en était réellement le titulaire. Il ne lui est pas permis, par exemple, d'opposer la créance cédée en compensation à une demande que le débiteur formerait contre lui (L. 18, pr., D., 16-2).

Notons cependant que les règles mêmes du mandat laissaient une certaine latitude au cessionnaire, et lui permettaient jusqu'à un certain point de disposer de la créance cédée. Ainsi, il était de principe que le mandataire qui avait qualité pour recevoir le payement du débiteur pouvait faire avec lui un pacte opposable au mandant. (L. 10, § 2, 11 et 13 pr. D., 2-14.) Le *procurator in rem suam* jouissait donc de ce droit. Un autre texte nous indique qu'il pouvait déférer le serment extra-judiciaire au débiteur même avant la *litis contestatio* (L. 17, § 3, D., 12-2).

Il nous reste maintenant à examiner l'étendue des droits du cessionnaire.

Le principe est que le cessionnaire se trouve investi de tous les avantages acquis au cédant :

« Neque amplius, neque minus juris emptor habeat quam apud heredem futurum esset. » (L. 2 pr., D., 18-4.) Nous avons déjà indiqué du reste que le *procurator in rem suam* peut exiger le principal et les intérêts de la créance, qu'il peut se prévaloir de la clause pénale, du gage, et de toutes les sûretés réelles ou personnelles constituées au profit du créancier (L. 6, D., 18-4).

Mais faut-il dire que tous les priviléges que le cédant pourrait invoquer contre le débiteur profitent au cessionnaire? Constatons tout d'abord que ces priviléges sont de deux sortes : les uns sont accordés au créancier en considération de la cause de la créance et reçoivent pour cette raison le nom de *privilegia causæ*. Sont munis d'un privilége de cette nature : celui qui a prêté des fonds soit pour la construction d'une maison, soit pour la construction, l'achat ou l'équipement d'un navire (L. 24, § 1, et L. 26, D., 42-5); celui qui a fait l'avance des frais funéraires (L. 17, D., *eod.*), celui qui a déposé de l'argent chez un banquier (L. 7, § 2, D., 16-3; L. 24, § 2, D., 42-5); celui qui a prêté des fonds pour la conservation d'une chose déjà hypothéquée (L. 5, D., 20-4).

Les autres, au contraire, *privilegia personæ*, sont accordés en considération de la personne du créancier. Tels sont les droits de préférence établis au profit des femmes sur les biens de leur mari (L. 17. §§ 1 et 19. D., 42-5. — L. 29, D., 46-2); des pupilles, des mineurs de 25 ans, des fous et des prodigues sur les biens de leurs tuteurs et curateurs. (L. 22 et 25. D., 27-3. — L. 15, § 1, D., 27-10.)

Notre réponse à la question posée s'appuie sur une distinction entre les deux classes de priviléges. En ce qui concerne les *privilegia causæ*, le doute n'est pas possible. Ces priviléges constituent des qualités substantielles de la créance; or, la *procuratio in rem suam* n'altère en rien la créance cédée qui est remise intacte, *cum sua causa*, au cessionnaire. Aussi, il est certain que ce dernier jouit des droits en question.

Quant aux *privilegia personæ*, nous pensons au contraire qu'ils ne se transmettent pas au *procurator*.

Cette seconde partie de notre solution est vivement contestée, et il est nécessaire d'indiquer les raisons qui nous engagent à suivre ce système malgré les objections qui nous sont faites.

On nous reproche d'abord de fausser la théorie de la cession de créance que nous avons reconnue comme étant celle du droit romain. En vertu de quelle qualité, en effet, le cessionnaire agissait-il ? Il n'était, nous le savons, que simple mandataire ; les droits qu'il invoquait n'étaient pas les siens, mais ceux du cédant, qui n'avait pas cessé d'être créancier. Il n'y avait donc pas lieu de modifier la situation du débiteur cédé, parce que le créancier avait donné à un tiers mandat d'exercer les poursuites.

Les partisans de cette doctrine paraissent oublier que, s'il est vrai que le *procurator* exerce le droit d'autrui, c'est dans son intérêt qu'il l'exerce. C'est là une circonstance dont il est impossible au jurisconsulte de faire complétement abstraction, surtout lorsqu'il s'agit d'autoriser l'emploi d'un droit exceptionnellement conféré par la loi à une personne déterminée. Du reste, les textes les plus formels et les plus concluants montrent bien que la distinction que nous proposons était admise par les jurisconsultes.

C'est d'abord Papinien : « Ex pluribus tutori-
« bus in solidum unum tutorem judex condem-
« navit : in rem suam judicatus procurator da-
« tus, privilegium pupilli non habebit ; quod nec
« heredi pupilli datur; non enim causæ, sed per-
« sonæ , succurritur , quæ meruit præcipuum
« favorem. » (L. 42, D., 26-7.) Que soutenons-
nous ? Qu'il faut distinguer entre les *privilegia persona* et les *privilegia causæ*, à l'effet de déclarer les premiers incessibles. Or Papinien établit nettement le principe de cette distinction : *« non enim causæ sed personæ succurritur »* et en fait l'application dans la première partie. Il déclare que le cessionnaire d'une créance appartenant à un pupille contre son tuteur ne peut s'autoriser du privilége du pupille : *« privilegium pupilli non habebit. »*

Nous trouvons la même solution dans ce texte de Paul : « In omnibus causis id observatur ut,

« ubi personæ conditio locum facit beneficio, ibi
« deficiente ea, beneficium quoque deficiat ; ubi
« vero genus actionis id desiderat, ibi ad quem-
« vis persecutio ejus pervenerit non deficiat ratio
« auxilii. » (L. 68, D. 50-17.) Nous ne pouvons
rien souhaiter de plus catégorique, car le jurisconsulte ne se borne pas à indiquer la différence
qui existe entre les deux sortes de priviléges, il en
donne la raison. Le *privilegium personæ* est une
faveur octroyée à une personne en raison de la
condition dans laquelle elle se trouve et qui ne
doit pas survivre au motif qui l'a fait accorder.

A ces textes les partisans de l'opinion contraire
opposent un fragment d'Ulpien : « Eorum ratio
« prior creditorum quorum pecunia ad creditores
« privilegiarios pervenit. » (L. 24, § 3, D. 42-5.)
La pensée du jurisconsulte est que le cessionnaire
oppose valablement au débiteur les droits de préférence, que le cédant pouvait invoquer contre lui.
Or, nous ne voyons pas en quoi cette idée est contraire à notre interprétation ; car nous admettons
que les priviléges, du moins le plus grand nombre,
ceux qui sont des qualités de la créance, sont
transmis avec celle-ci ; et comme le texte ne nous
dit pas que les *privilegia personæ* sont transmissibles par la voie de la cession, nous n'avons pas
des motifs suffisants de croire que c'est à eux qu'il
s'applique. De cette façon, et avec notre interprétation, ce texte se concilie très-bien avec la loi 42,
D. 26-7, que nous rappelions tout à l'heure, tandis

que l'opinion contraire est forcée de reconnaître
un antagonisme entre ces deux textes.

Le second argument qu'on fait valoir contre
nous est tiré d'une décision de Modestin : « He-
« rennius Modestinus respondit, ejus temporis,
« quod cessit, postquam fiscus debitum percœpit.
« eum qui mandatis a fisco actionibus experitur,
« usuras quæ in stipulatum deductæ non sunt.
« petere posse. » (L. 43, D. 22-1.) Le privilége du
fisc est de voir les intérêts courir à son profit,
alors même qu'aucune stipulation n'est intervenue sur ce point; or, dit-on, si le cessionnaire
peut se prévaloir du droit du fisc pour réclamer
ces intérêts, il utilise à son profit un privilége personnel du cédant.

Cujas considérait cette prétention du cessionnaire comme tellement contraire aux idées romaines, qu'il n'hésitait pas à intercaler d'après
les Basiliques, un *non* entre *petere* et *posse*. Mais,
à notre avis, il n'est pas besoin de modifier le
texte ; nous pouvons, en l'acceptant tel qu'il est
au Digeste, en donner une explication satisfai-
sante sans renoncer à notre distinction. La question que résout Modestin n'est pas, comme on le
prétend, de savoir si l'ayant-cause du fisc peut
invoquer le privilége inhérent à la personne de
son auteur ; mais bien de savoir si le cessionnaire
a droit aux intérêts échus au moment de la cession. En décidant que le cessionnaire peut exiger
ces intérêts, Modestin ne dit rien qui nous soit

contraire, car ces intérêts acquis au fisc font corps, pour ainsi dire, avec la créance cédée. Dans le cas même où l'on n'accepterait pas cette interprétation de la loi 43, la décision de Modestin ne nous paraîtrait pas suffisante pour trancher la question, car nous n'y verrions alors qu'une exception à la règle générale, introduite pour faciliter la négociation des créances du fisc.

Nous maintenons donc notre solution, d'après laquelle le cessionnaire a la faculté d'invoquer tous les priviléges inhérents à la créance, mais ne peut se prévaloir d'aucun privilége du chef du cédant.

Mais, s'il a, de son côté, des priviléges personnels, pourra-t-il les invoquer contre le débiteur cédé?

Nous ne le pensons pas. Le cessionnaire exerce les droits du mandant. Il ne peut donc pas mettre le débiteur dans une situation plus mauvaise que celle qu'il occupait antérieurement au transport. Sans doute le débiteur qui profite de l'extinction des priviléges personnels au cédant, ne se voyant pas opposer les priviléges personnels au cessionnaire, bénéficiera de la cession; mais cela se comprend : le débiteur est demeuré complétement étranger au transport, et si sa position, dans certains cas, est susceptible d'amélioration, elle ne doit jamais être empirée.

Cette solution semble n'être contraire à aucun texte, on a pourtant prétendu qu'il existait au moins une exception : « Fiscus, quum in privati jus succedit, privati jure pro anterioribus suæ successionis temporibus utitur : cœterum, posteaquam successit, habebit privilegium suum. » (L. 6, D. 49-14.) Remarquons qu'il s'agit encore du fisc qui peut être et qui est souvent l'objet d'une faveur spéciale. De plus, il semble bien que ce texte se réfère à une hypothèse différente de la nôtre : il ne s'agit pas d'une cession à titre particulier, mais bien d'une transmission universelle, d'un cas où le fisc succède à la personne du créancier, comme le prouvent les termes dont s'est servi le jurisconsulte. Au reste, en admettant même que le texte soit applicable à l'hypothèse d'une cession à titre particulier, il n'accorde au fisc son privilége qu'à partir du moment où il est lui-même devenu créancier, qualité qu'il n'acquiert que par l'effet de la *litis contestatio.*

Nous expliquerons de la même manière un fragment de Paul relatif aussi à l'acquisition des créances par le fisc : « Si debitores qui minores semissibus præstabant usuras fisci esse cœperunt, postquam ad fiscum transierunt, semisses cogendi sunt præstare. » (L. 17, § 6, D. 22-1); si bien que notre règle reste intacte : le cessionnaire ne peut invoquer aucun privilége personnel de son chef.

Le principe que le cessionnaire n'a que les droits du cédant, souffre cependant une exception pour les priviléges qui ne touchent pas au fond de la créance, mais qui concernent la procédure. Ainsi, le cessionnaire pourra se prévaloir des *beneficia fori, de non appellando, non præstandæ cautionis.....* Il n'y a rien d'étonnant dans cette dérogation au principe, car si la créance continue à résider sur la tête du cédant, c'est le cessionnaire seul qui, dans son propre intérêt figure dans l'instance. Or, ces questions de procédure ne touchent pas au fond du droit; il est donc tout naturel d'avoir égard pour les résoudre, non pas à la personne du titulaire du droit, mais à celle du *procurator* auquel appartient la conduite de l'instance.

Nous avons terminé l'examen des priviléges que le cessionnaire peut ou ne peut pas opposer au cédé; voyons maintenant les exceptions dont ce dernier est autorisé à se prévaloir contre le cessionnaire.

Un principe certain et sur lequel nous avons déjà insisté est que le *procurator in rem suam* ne saurait avoir plus de droits que son mandant. Dès lors le débiteur sera admis à lui opposer valablement les exceptions *ex personæ cedentis,* telles que celles qui résultent d'une novation, d'une compensation, d'une remise de dette... Cette règle ne reçoit qu'une dérogation, en ce qui concerne les exceptions se rattachant à la procédure. Ainsi, le débiteur ne pourrait pas opposer au cessionnaire non étranger l'exception du défaut de cautionnement, au moyen de laquelle il aurait paralysé l'action du cédant étranger.

Mais en dehors de ce cas, le débiteur a contre le cessionnaire toutes les exceptions qu'il avait contre le cédant. On a cependant contesté notre solution, pour l'exception résultant d'un pacte de remise *in personam* et cela sur le fondement de deux textes :

« Si ex altera parte in rem, ex altera in perso-
« nam pactum conceptum fuerit, veluti, ne ego
« petam, vel ne a te petatur : heres meus ab omni-
« bus vobis petitionem habebit, et ab herede tuo
« omnes petere poterimus. » (L. 57, § 1, D. 2-14.)
Le texte pourrait être invoqué contre nous, s'il s'agissait d'un *procurator in rem suam*, car la solution qu'il donne est contraire à la nôtre. Mais il importe de remarquer aussi que l'espèce qu'il prévoit est différente de celle sur laquelle nous discutons; la loi 57 parle en effet seulement de l'héritier qui a succédé au créancier, tandis que nous sommes en face d'un mandat qui laisse subsister les rapports entre le cédant et le cédé.

Enfin, on nous oppose un passage de Gaius :

« Si filius aut servus pactus sit, ne ipse peteret,
« inutile est pactum. Si vero in rem pacti sunt, id
« est, ne ea pecunia peteretur, ita pactio eorum
« rata habenda erit adversus patrem, dominumve,
« si liberam peculii administrationem habeant. »
(L. 28, § 2, D., 2-14.) Or, dit-on, il n'est pas pos-
sible d'indiquer plus clairement la distinction que nous proposons; quand un fils de famille ayant un pécule a consenti à son débiteur un pacte ainsi conçu : « Moi, je promets de ne rien vous de-

mander », ce pacte ne peut être opposé au *pater-familias*; que si le pacte de remise est *in rem*, il lui sera au contraire opposable.

Mais remarquons qu'il ne s'agit pas ici d'une cession de créance. Le pacte *de non petendo*, dans notre première hypothèse, sera sans effet à l'égard du père, parce que telle a été la pensée du fils, qui s'exprime par ce simple mot : *ipse*. Concluons donc que le cessionnaire sera, comme le cédant lui-même, repoussé par l'exception *pacti de non petendo in personam*, résultant de la convention du cédant.

Une autre controverse s'est élevée relativement à l'exception de dol. Le cédé peut-il exciper du dol du créancier? Au point où nous en sommes, la question ne peut guère paraître douteuse. Nous venons de constater que le débiteur peut exciper de tous les faits par lesquels le créancier modifie son droit. Or qu'est-ce que l'exception de dol, si-non la forme sous laquelle sont invoquées les diverses circonstances qui, sans éteindre la créance en droit pur, doivent en équité modifier le droit du demandeur? Serait-il logique de concéder au débiteur les exceptions *ex persona cedentis* que nous avons mentionnées et de lui refuser l'exception de dol?

Cependant on nous oppose des textes :

« De auctoris dolo emptori exceptio non objici-
« tur. Si autem accessione auctoris utitur, æquis-
« simum visum est, eum qui ex persona auctoris

« utitur accessione, pati dolum auctoris. Peræ-
« que traditur rei quidem cohærentem exceptio-
« nem etiam emptori nocere, eam autem quæ ex
« delicto personæ oritur, nocere non oportere. »
(L. 4, § 27, D., 44-4.) « Si cum legitima hereditas
« Gaii Seii ad te perveniret, et ego essem heres
« institutus, persuaseris mihi per dolum malum,
« ne adeam hereditatem, et posteaquam ego repu-
« diavi hereditatem, tu eam Sempronio cesseris,
« pretio accepto, isque a me petat hereditatem, ex-
« ceptionem doli mali ejus qui ei cessit, non po-
« test pati. » (L. 4, § 28, D., 44-4.) Ainsi, dit-on,
le principe évident qui ressort de ces deux décisions est que l'acquéreur n'est pas victime du dol
commis par son auteur.

Ces solutions, exactes pour la vente en général,
nous ne pouvons pas les accepter en matière de
cession de créances. Il ne faut pas perdre de vue
en effet que, même après la cession, le cédant est
toujours créancier, et, par conséquent, les exceptions au moyen desquelles le débiteur peut para-
lyser son action doivent pouvoir être opposables à
son *procurator* comme à lui-même. Nous trouvons
du reste dans le texte même qu'on nous oppose la
confirmation de notre système. Que porte en effet
le § 27? « Si autem accessione auctoris utitur,
« æquissimum visum est, eum qui persona auc-
« toris utitur accessione, pati dolum auctoris. »
Or, n'est-il pas incontestable que le cessionnaire qui ne peut exercer le droit cédé que comme

mandataire du cédant *cedentis accessione utitur?*

Par ces raisons, nous écartons aussi un système intermédiaire qui, se fondant sur les mots « pretio accepto » du § 28, auquel nous refusons toute valeur dans notre espèce, distingue entre les cessions à titre gratuit et les cessions à titre onéreux.

Il nous reste, pour compléter la règle d'après laquelle toutes les exceptions invocables contre le cédant le sont aussi contre le cessionnaire, à faire remarquer qu'en revanche ce dernier a la faculté de répondre par les répliques qui seraient à la disposition du cédant.

Nous avons dit que le cédé peut opposer au cessionnaire tous les moyens de défense qu'il eût pu opposer au cédant ; c'est ainsi qu'il repoussera le *procurator* par les exceptions « senatus consulti Macedoni, senatus consulti Velleiani, indebiti, doli mali, etc. » Il nous reste toutefois à dire un mot sur l'exception de compensation.

Quand une cause de compensation légale s'est produite dans les rapports du cédé et du cédant, antérieurement à la *litis contestatio*, l'extinction qui en résulte est opposable au cessionnaire : sur ce point il ne saurait y avoir de doute. Mais à côté de la compensation légale qui se produit lorsque les dettes sont liquides et exigibles, il y a là compensation judiciaire se réalisant par le moyen d'une demande reconventionnelle. Il s'agit de savoir si cette demande reconventionnelle peut être valablement opposée au cessionnaire.

La difficulté provient de ce que les textes qui traitent de la question sont contradictoires. Ulpien et Scévola semblent bien admettre que le *procurator* est tenu de souffrir la demande reconventionnelle et d'y défendre (L. 33, § 5 et L. 70. D. 3-3). Gaius, au contraire, décide que le cessionnaire n'est pas forcé de défendre à cette demande (L. 34. D., *eod. tit.*).

On a tenté de concilier ces textes de différentes manières.

Les uns ont proposé de distinguer entre la cession à titre gratuit et la cession à titre onéreux (Sande, *Com. de actionum cessione.* ch. X, n° 7). Ils n'ont pu appuyer cette opinion sur aucune raison sérieuse, ni sur aucun texte.

D'autres accordent ou refusent au débiteur ce moyen de défense, suivant qu'il s'agit d'une cession volontaire ou d'une cession nécessaire (L. 43, § 4. D., *eod.* — L. 5, C. 2-13). D'après les partisans de ce système, la décision de Gaius (L. 34, *supra cit.*) s'applique à la vente forcée d'une hérédité par un héritier dans le besoin, c'est-à-dire à un cas de cession nécessaire. Mais rien dans le texte ne justifie cette interprétation.

Enfin, dans un troisième système, les textes précités ne sont contradictoires qu'en apparence : l'harmonie, qui existe entre ces décisions, n'est détruite que par le sens inexact que l'on attache au mot *defendere*. Former une demande reconventionnelle se dit : *invicem defendere, invicem agere* ; mais le terme *defendere*, employé seul, est synonyme de *satisdare*, ainsi que le prouvent plusieurs textes (L. 43, §§ 3 et 4. D. 3-3. — L. 5, § 3, D. 46-7). Cela admis, il est clair, dit-on, qu'aucune antinomie n'existe entre les textes : la loi 33, § 5, ne fait qu'imposer au cessionnaire l'obligation de donner la caution *rem ratam dominum habiturum*, et la loi 70, qu'exiger de lui la caution *super excipienda lite* (L. uniq., C. 2-57), tandis que la loi 34 a seule trait à la difficulté qui nous occupe.

On arrive ainsi à concilier les textes précités, cela est vrai : le malheur est que la loi 70 résiste à cette explication; dans ce texte, en effet, le verbe *defendere* est suivi d'un régime, ce qui nous empêche de l'entendre dans le sens de *satisdare*. Aussi faut-il se résigner à admettre que la question avait été autrefois controversée et que c'est par mégarde que les deux opinions ont été reproduites au Digeste. Maintenant, qui l'a emporté de Gaius ou d'Ulpien? Il est assez difficile de le dire. Dans le doute, nous pensons que le plus sage est d'en revenir au principe, et de décider que le débiteur pouvait opposer la demande reconventionnelle au cessionnaire comme il l'eût opposée au cédant.

Les exceptions *ex persona cedentis* ne sont pas les seules qui existent au profit du débiteur cédé; il y en a aussi qui tirent leur origine de la personne même de ce dernier, *ex persona debitoris*. Ces exceptions sont-elles opposables au cessionnaire? L'application de notre règle générale nous conduit à adopter l'affirmative. La cession ne devant pas avoir pour effet d'empirer la condition du cédé, il doit pouvoir jouir vis-à-vis du cessionnaire du droit de demander un délai de grâce ou du bénéfice de compétence qui existait à son profit contre le cédant.

Cependant cela a été contesté, notamment en ce qui concerne le bénéfice de compétence: ainsi on a prétendu que le débiteur n'était pas admis à se prévaloir contre le cessionnaire du droit qu'il tenait de la convention ou de la loi, de n'être condamné envers le cédant que jusqu'à concurrence de ses ressources, *in id quod facere potest*. On a dit que les motifs qui déterminent la faveur du bénéfice de compétence, quand le débiteur est poursuivi par le cédant, n'existent plus quand le créancier a changé. C'est là une idée inadmissible: et il nous suffira pour la condamner de rappeler une fois encore que les rapports entre le cédant et le cédé ne sont pas détruits par l'effet de la *procuratio*. En outre, ce serait empirer la position du cédé, ce que la cession, acte auquel il est resté étranger, doit être impuissante à faire.

On nous oppose cependant un texte : « Si te « donaturum mihi delegavero creditori meo, an « in solidum conveniendus sis? Respondit : nulla « creditor exceptione summoveretur : licet is, qui

« delegatus est, poterit uti adversus eum, cujus
« nomine promisit. » (L. 41, pr. D. 42-1.)

La lecture de ce passage suffit à sa réfutation.
de quoi s'agit-il en effet? D'une cession de créance
réalisée par la stipulation novatoire, et non par la
procuratio in rem suam : or, il est facile de voir.
d'après la nature des deux procédés, que les résultats doivent être différents. Dans la délégation,
le débiteur cédé s'oblige envers le cessionnaire.
le cédant devenant complétement étranger à la
créance. Dans la *procuratio in rem suam,* au
contraire, le cessionnaire agit comme mandataire du cédant, lequel est toujours créancier. Dès
lors. on comprend que si, dans le premier cas. le
débiteur ne peut pas opposer au délégataire l'exception tirée du bénéfice de compétence. il doit
en être différemment dans le second cas.

Du reste, nous ne sommes pas réduit. pour
justifier notre opinion, à réfuter seulement les arguments de nos adversaires. Gaius nous donne
même dans un texte très-clair un argument *a
fortiori :* « Si post divortium mortua muliere.
« heres ejus cum viro, parenteve ejus agat ; eo
« dem videntur de restituenda dote intervenire
« quæ, ipsa muliere agente observari solent. »
(L. 27, D. 24-3.) Ce texte nous fournit. disons-
nous, un argument *a fortiori,* car l'héritier du
créancier a un droit propre qui fait absolument
défaut au *procurator.*

En résumé, quelle que soit la cause des exceptions, peu importe, elles sont toutes opposables au cessionnaire.

Mais en est-il de même de celles qui sont personnelles à celui-ci, *ex persona cessionarii?*

Les principes du mandat nous conduiraient logiquement à admettre la négative : car, si en fait c'est le cessionnaire qui agit, en droit, c'est le cédant. Toutefois, il ne faut pas exagérer cette idée, le mandataire devant garder en définitive le profit de la créance. Aussi décidons-nous que le débiteur pourra opposer les exceptions qui auront pris naissance dans un fait personnel au cessionnaire. C'est par application de cette doctrine que le jurisconsulte Ulpien nous dit, dans le passage suivant : « Quæsitum est an de procuratoris dolo, « qui ad agendum tantum datus est excipi possit? Et puto recte defendi, si quidem in rem « suam procurator datus sit : etiam de præterito « ejus dolo (hoc est, si ante acceptum judicium « dolo quid fecerit) esse excipiendum : si vero « non in rem suam, dolum præsentem in excep- « tione conferendum. » (L. 4, § 18, D., 44-4.)

Ce que Ulpien dit expressément du dol, nous le dirons aussi du pacte *de non petendo*, et en général de tout fait du *procurator* pouvant donner naissance à une exception. Seulement, il est bon d'observer que les répliques correspondantes appartiennent au cessionnaire.

B. — *Période postérieure à la litis contestatio.*

Sous le système formulaire, la *litis contestatio* a pris une grande importance. Jusqu'au moment de la délivrance de la formule, la procédure *in jure* n'a en rien changé la position respective des parties; mais, à ce moment, le demandeur et le défendeur se trouvent unis par un lien nouveau. Une obligation s'est formée entre eux, obligation de subir l'instance et les effets de la sentence. Suivant la nature du débat engagé entre les parties, le droit invoqué par le demandeur est éteint *ipso jure* ou *exceptionis ope*, et se trouve remplacé par l'obligation nouvelle qu'a fait naître la *litis contestatio*.

Toutes les fois qu'il s'agira d'une action personnelle, légitime (*legitimum judicium*) et conçue *in jus*, l'extinction du droit invoqué aura lieu de plein droit. Aussi a-t-on dit que, dans ce cas, la *litis contestatio* produit une novation; mais il faudrait bien se garder d'assimiler les effets de cette novation nécessaire à ceux de la novation volontaire. Remarquons qu'elle ne peut pas nuire au créancier en entraînant la perte soit des garanties qui fortifient sa créance, soit des accessoires qui l'améliorent (L. 29, D., 46-2. — L. 35, D., 22-1).

Il est donc évident qu'après la *litis contestatio* la position du *procurator in rem suam* est absolument différente de ce qu'elle était auparavant. Il est, si son action réunit les trois caractères que nous venons de signaler, devenu lui-même créancier du débiteur cédé : « Meminisse oportet quod « procurator, lite contestata, dominus litis effici- « tur. » (L. 4, § 5, D. 49-1.) De là plusieurs conséquences :

1° Créancier lui-même du débiteur, il peut, contrairement à ce qui se produit avant la *litis contestatio*, se prévaloir de priviléges à lui personnels;

2° On ne peut pas lui opposer les exceptions du chef du cédant dont la cause serait postérieure à la *litis contestatio;*

3° Le cessionnaire, étant maître absolu du droit engendré par la *litis contestatio*, peut en disposer comme il l'entend. Julien nous dit expressément qu'il peut céder lui-même son droit au moyen d'une *procuratio* : « Nulla dubitatio est, post cau- « sam in judicio agitatam, utpote dominum litis « procuratorem effectum, etiam post excessum « ejus qui agendam vel defendendam litem man- « daverat, posse inchoatam causam jurgiumque « finire : quippe cum et procuratorem posse eum « instituere, veteris juris voluerunt conditores. » (L. 23, C., 2-13);

4° Il peut opposer en compensation au débiteur qui l'actionne en payement d'une dette la créance qui résulte de la *litis contestatio* : « In rem suam « procurator datus, post litis contestationem, si

« vice mutua convenitur, æquitate compensatio-
« nis utetur. » (L. 18, pr., D., 16-2);

5° Le cessionnaire n'a plus à craindre aucune
révocation expresse, ni tacite. La créance cédée
étant éteinte, le cédant n'a plus aucun droit, partant le nouveau *procurator* qu'il constituerait
n'aurait aucune poursuite à exercer contre le
débiteur. Par la même raison, le débiteur ne peut
plus se libérer en payant entre les mains du cédant; et, s'il le faisait, il devrait payer une seconde
fois au cessionnaire.

De l'exposé que nous venons de faire des effets
de la *procuratio in rem suam*, il résulte clairement
que c'est seulement par la *litis contestatio* que le
droit du cessionnaire est consolidé. Pendant tout
le temps qui s'écoule entre l'achat de la créance et
la *litis contestatio*, le *procurator* est exposé aux
cas fortuits ainsi qu'aux retours de volonté et à
la mauvaise foi du vendeur. Nous savons au contraire que, lorsque les parties ont recours à la
delegatio, le cessionnaire est, immédiatement
après la stipulation novatoire, investi d'un droit
indépendant de la volonté du cédant.

C'est donc au prix de sa sécurité que le cessionnaire achète les avantages attachés à l'emploi de
la *procuratio in rem suam*. Mais ces avantages
sont considérables. D'une part, en effet, le *procurator* acquiert la créance même qui existait au
profit du créancier primitif. Les accessoires de la
créance, tels que les hypothèques, le gage, le bé-

néfice des clauses pénales, etc., lui sont transmis par voie de conséquence. Il a contre les fidéjusseurs les mêmes droits que le cédant. Et, d'autre part, une fois la formule délivrée, il est aussi investi d'un droit propre, la créance devient sienne, il est en réalité créancier du cédé ; en sorte que, sans être obligé d'obtenir le concours du débiteur, et même contre le gré de celui-ci, il arrive, comme par la *delegatio*, à cette situation où il se trouve à l'abri des événements et des caprices du créancier.

Voilà le résultat de la *procuratio in rem suam* ; on voit que, grâce à la combinaison des règles du mandat avec celles de la procédure, les jurisconsultes sont parvenus à tourner le principe de l'incessibilité des créances. Toutefois, nous avons vu que le grave inconvénient de ce procédé était de laisser pendant un certain temps le cessionnaire à la merci du cédant et des événements. Les efforts des jurisconsultes devaient donc tendre à faire disparaître cet inconvénient.

CHAPITRE IV

DES MOYENS EMPLOYÉS POUR AMÉLIORER LA POSITION DU PROCURATOR IN REM SUAM

Si la *litis contestatio* avait toujours pu suivre de près l'institution du *procurator in rem suam*, sans disparaître complétement, l'inconvénient eût été peu gênant : mais il n'en était pas ainsi, et un certain temps s'écoulait toujours entre le moment où le mandat était conféré et celui où la formule était délivrée au mandataire. Pour soustraire le *procurator* aux dangers qui résultaient de ce fait, sans attaquer de front les principes, on eut recours d'abord à la *denuntiatio*, puis aux actions utiles.

SECTION PREMIÈRE

DE LA DENUNTIATIO

Le but de cette innovation a été de donner au droit du cessionnaire, et avant la *litis contestatio*, le caractère de stabilité qui lui faisait défaut. On peut la comparer à ce que nous appelons aujourd'hui la notification du transport : « Si delegatio « non est interposita debitoris tui, ac propterea « actiones apud te remanserunt, quamvis credi- « tori tuo adversus eum solutionis causa manda- « veris actiones, tamen antequam lis contestetur,

« vel aliquid ex debito accipiat, vel debitori tuo
« denuntiaverit, exigere a debitore tuo debitam
« quantitatem non vetaris, et eo modo tui cre-
« ditoris exactionem contra eum inhibere. »
(Const., Gordien, L. 3, C., 8-42.)

Cette constitution paraît n'être que la consécration d'une pratique antérieure; nous trouvons ces
idées exprimées déjà dans une loi plus ancienne
du Code, qui d'ailleurs ne paraît pas innover,
pour une hypothèse voisine, le *pignus nominis* :
« Nomen quoque debitoris pignorari et genera-
« liter, et specialiter posse, jampridem placuit.
« Quare si debitor is satis non fuerit, cui tu
« credidisti : ille, cujus nomen tibi pignori datum
« est, nisi ei cui debuit, solvit, nondum certior a
« te de obligatione tua factus, utilibus actionibus
« satis tibi facere usque ad id, quod tibi deberi a
« creditore ejus probaveris, compelletur : quate-
« nus tamen ipse debet. » (L. 4, C., 8-17.)

L'idée fondamentale qui résulte de ces textes,
est que le débiteur cédé devient par la notification
du transport à lui faite, responsable à l'endroit du
cessionnaire; par suite, c'est à ce dernier seul
qu'appartient désormais l'exercice des actions, le
cédé ayant perdu le droit de se libérer entre les
mains du cédant. Mais faut-il dire que la *denuntiatio* a fait passer la créance dans le patrimoine
du cessionnaire? Assurément non; comme par le
passé, avant la *litis contestatio*, il n'y a qu'un seul
créancier, le cédant. Quant au cessionnaire, il

n'est toujours qu'un mandataire, mais son mandat est irrévocable.

A côté de la notification formelle du transport, l'empereur Gordien a donné un autre procédé, auquel il a attaché les mêmes effets, et qui du reste repose sur la même idée, nous voulons parler du paiement partiel. En effet, le paiement partiel, fait entre les mains du cessionnaire, est de la part du cédé une reconnaissance certaine, quoique tacite de la *procuratio in rem suam*. C'est donc à tort qu'il viendrait arguer plus tard de son ignorance de la cession, pour légitimer des actes contraires aux intérêts du cessionnaire et se soustraire à la responsabilité du préjudice qu'il lui aurait causé.

Mais doit-on généraliser le principe de cette décision et comprendre dans le terme de « *denuntiatio* » la connaissance de la cession acquise par le débiteur de quelque manière que ce soit? Ainsi, par exemple, si c'est le cédant et non le cessionnaire qui a fait connaître au débiteur l'existence de la *procuratio in rem suam*, dira-t-on que la *denuntiatio* a eu lieu?

Pour répondre à cette question, il importe de rechercher à la suite de quels tâtonnements on est arrivé à la formalité de la *denuntiatio*.

D'assez bonne heure, le cédé fut rendu responsable de son dol envers le cessionnaire, c'est-à-dire que du jour où la *procuratio* lui était connue d'une manière quelconque, il ne pouvait plus, ni

payer entre les mains du cédant, ni par une convention faite avec lui se soustraire aux poursuites
du cessionnaire. C'est ce qui résulte du texte suivant de Papinien : « Venditor hereditatis, emptori
« mandatis actionibus, cum debitore hereditario,
« qui ignorabat venditam hereditatem esse tran-
« segit : si emptor hereditatis hoc debitum ab eo
« exigere velit, exceptio transacti negotii debitori
« *propter ignorantiam suam* accommodata est.
« Idem respondendum est. et in eo, qui fideicom-
« missam recepit hereditatem, si heres *cum igno-*
« *rante debitori* transegit. » (L. 17, D. 2-15.)

La pensée de Papinien est facile à saisir :

1° Le débiteur qui a payé son créancier dans
l'ignorance du transport, ne peut pas être rendu
responsable d'un fait qu'il ne connaissait pas;

2° Le débiteur qui a fait à son créancier un
paiement, sans tenir compte du transport dont
il avait connaissance, ne se libère pas à l'endroit
du cessionnaire.

Ainsi, tout se réduisait à une question de fait :
le cédé a-t-il connu, directement ou indirectement.
le fait de la cession? Mais on comprend combien
la preuve était difficile à faire, et quel intérêt le
cessionnaire avait à faire parvenir, d'une façon
certaine, à la connaissance du cédé, les nouveaux
droits qu'il tenait du cédant. C'est alors que s'in-
troduisit, dans la pratique, l'usage de notifier les
transports au débiteur, au moyen de la *denuntiatio :* la Constitution de Gordien n'a donc été,

comme nous l'avons dit, qu'une consécration législative de ce qui se faisait auparavant.

Ces origines de la *denuntiatio* en déterminent la portée : c'est le procédé le plus sûr de prouver que le cédé a eu connaissance du transport, mais il n'est pas exclusif des autres. Raisonner autrement sur le texte de Gordien, serait méconnaître l'esprit de la loi, en ne tenant pas compte du développement progressif des moyens destinés à parer de plus en plus aux imperfections de la *procuratio in rem suam*. Cependant nous ne contestons pas qu'à s'en tenir à la rédaction de la constitution, on arriverait à une solution différente. C'est bien au cessionnaire seul que se rapporte le verbe « *denuntiaverit*, » mais nous estimons que l'empereur a statué sur le *quod plerumque fit*, et le texte de la constitution qui n'est ni restrictif, ni limitatif, autorise certainement cette explication qui nous permet de concilier la constitution de Gordien avec le texte de Papinien cité plus haut.

De tout ce que nous venons de dire, il résulte que la *denuntiatio* n'est soumise à aucune forme particulière, elle se produira, de quelque manière que ce soit, pourvu qu'elle ait pour effet d'apprendre au débiteur cédé le fait du transport. Ainsi nous ne confondrons pas cette notification avec la *denuntiatio litis* dont le but était de faire connaître au défendeur les prétentions du demandeur, et qui, à l'époque de Constantin, devait se produire *apud acta* sur les registres du magistrat, chargé lui-même de l'envoyer à sa destination. Ces formalités eussent été incompatibles dans notre espèce avec le principe que nous avons posé.

SECTION II

DES ACTIONS UTILES

La *denuntiatio* qui protégeait le cessionnaire contre les paiements que le débiteur aurait pu faire entre les mains du cédant, le laissait exposé à la perte de la créance résultant de son décès ou de celui du cédant. Cet inconvénient fut supprimé au moyen des actions utiles. Justinien nous dit :
« Illam subtilem observationem amputamus, per
« quam donationis titulo cessiones actionum acci-
« pientes, non aliter suis eas transmittere heredi-
« bus poterant, nisi litem ex his contestati essent,
« vel jus contestationis divino rescripto meruis-
« sent. Nam sicut venditionis titulo cessas actio-
« nes etiam ante litis contestationem ad heredes
« transmitti permittitur, simili modo et donatas
« ad eos transferri volumus : licet nulla contestatio
« vel facta, vel petita sit... » (L. 33, C. 8-54.)

Ce texte nous montre que la concession des ac-tions utiles ne fut pas faite d'abord dans tous les cas à l'héritier du *procurator*, mais qu'il y eut un développement progressif. Les actions utiles ne furent accordées d'abord qu'à l'héritier du cession-

naire qui avait acquis la créance à titre onéreux ;
ce qui nous autorise à penser que, dans cette matière, comme dans la plupart des autres, l'intervention du préteur fut à l'origine déterminée par
le besoin de réagir contre la rigueur des principes
du droit civil. Il était contraire à l'équité en effet
que l'héritier du cessionnaire perdit, tout à la fois,
en cas d'insolvabilité du cédant, et la créance, et
le prix qu'elle avait coûté à son auteur. Lorsque
ce progrès fut réalisé, on en vint, sous Justinien, à
accorder le bénéfice de l'action utile même aux
successeurs du cessionnaire à titre gratuit.

On n'en resta pas là ; nous avons supposé jusqu'ici que le *de cujus* avait été constitué mandataire *ad litem* et que sa mort seule avait empêché
les poursuites et la condamnation du défendeur ;
et nous avons vu que, grâce aux actions utiles, le
mandat était réputé continuer entre les mains de
l'héritier. Un progrès restait à faire : il fallait sous-
entendre la *procuratio in rem suam* dans le cas
où il n'y avait encore que la convention de cession
intervenant entre les parties. Ce furent ici les em-
pereurs qui prirent l'initiative. Ulpien nous apprend que cette concession fut faite par un rescrit
d'Antonin le Pieux à l'*emptor hereditatis* (L. 16,
pr., D., 2-14). La même faveur fut ensuite accordée
dans certains cas d'acquisition à titre particulier :
au créancier gagiste (L. 4, C., 8-17. — L. 7, C., 4-
30) ; au légataire d'une créance (L. 18, C., 6-37) ;
au mari auquel une créance a été donnée en dot

(L. 2, C., 4-10); à celui qui a reçu une créance en paiement de ce qui lui était dû. Puis, la concession des actions utiles s'est développée et généralisée, si bien que, dans le dernier développement du droit romain, c'est-à-dire sous Justinien, on peut poser en règle générale que, lorsqu'une cession d'actions est due en vertu d'une convention, d'un testament ou de la loi, elle n'a pas besoin d'être expressément réalisée, mais résulte de l'obligation même.

Ainsi, dans ce système, la *procuratio in rem suam* a cessé d'être nécessaire ; toute la différence entre le cessionnaire qui a effectivement reçu la *procuratio* et celui qui ne l'a pas reçue, c'est que le premier intente une action directe, tandis que le second intente une action utile, mais le résultat est le même.

Faut-il en conclure que les préteurs et les constitutions impériales ont introduit une idée nouvelle, et abandonné le principe de l'incessibilité des créances. L'affirmative a été adoptée par Doneau. (*Com. juris civilis*, lib. XV, cap. 44, § 5), et par Fabre (*Conject.*, L. XII, c. 9). D'après cette opinion, le mandat aurait disparu en la forme et au fond et le cessionnaire exercerait l'action utile, non pas au nom du cédant, mais bien en son nom comme titulaire du droit. Pour justifier cette manière de voir, on invoque différents textes. (L. 5, c. 4-15. — L. 18, c. 6-37), dont les termes semblent indiquer que le cessionnaire agit en son

propre nom lorsqu'il a recours à l'action utile :
« Suo autem nomine utili actione recte utetur.....
« utilibus autem suo nomine experietur. »

Adopter cette opinion, c'est admettre qu'à une certaine époque, les jurisconsultes ont reconnu la possibilité de transporter un droit personnel. Ce renversement du principe est-il conforme au génie du droit romain ? Est-ce ainsi, par une transformation radicale des règles reçues que les jurisconsultes romains opèrent les réformes juridiques, qu'ils modifient les principes du droit suivant les besoins de la pratique ? Suffit-il des locutions que nous venons de citer pour décider qu'ils ont ici procédé d'une façon si contraire à leurs habitudes ?

Nous ne le pensons pas ; nous croyons au contraire que jamais à aucune époque un tiers n'a pu être substitué au créancier de manière à devenir réellement le sujet actif d'une obligation préexistante. Aucun texte ne nous autorise à croire qu'à une époque quelconque on a abandonné le principe d'incessibilité. On a été frappé des inconvénients que la *procuratio in rem suam* laissait subsister, et on a imaginé, conformément à l'esprit général de la jurisprudence et de la législation, de venir au secours du cessionnaire au moyen de l'action utile, soit dans les cas où le mandat qu'il avait reçu était impuissant à lui assurer le bénéfice de la cession, soit lorsqu'il n'avait même pas obtenu ce mandat auquel il avait droit. En un mot, l'action de la créance est simplement *réputée* appartenir au cessionnaire en vertu d'un mandat, alors que ce mandat est éteint ou n'a jamais été donné. *Le cessionnaire qui utili actione utitur* ne fait en réalité qu'exercer les droits du cédant, seulement il n'agit que *utiliter*, ce n'est pas l'action directe qu'il intente. Du reste le résultat est le même, comme le dit Paul : « Nec « refert directa quis, an utili actione agat, vel « conveniatur (quia in extraordinariis judiciis, ubi « conceptio formularum non observatur, hæc sub- « tilitas supervacua est) : maxime cum utraque « actio ejusdem potestatis est, eumdemque habet « effectum. » (L. 47, § 1, D., 3-5.)

L'action utile est ici ce qu'elle est dans toutes les matières du droit. La fiction consiste à supposer le mandat et non pas à supposer que le cessionnaire est lui-même investi du droit de créance qu'il exerce. La formule délivrée par le magistrat aura toujours une *intentio* conçue au nom du cédant dont le droit est mis en jeu, et une *condemnatio* au nom du cessionnaire qui seul paraît dans le débat avec le débiteur.

Quant aux expressions relevées par les partisans de l'opinion contraire, nous croyons qu'elles n'ont pas le sens qu'ils y attachent. En les employant, les rédacteurs des textes cités n'ont eu, probablement, d'autre intention que de distinguer les deux situations : le cessionnaire agissant soit en vertu d'un mandat exprès et réel (*alieno no-*

mine agebat), soit en vertu d'un mandat supposé (*suo nomine agebat*).

Remarquons seulement en finissant que dans le dernier état du droit, la question de savoir si les créances sont ou non cessibles ne présente plus qu'un intérêt théorique. En fait, la cession existe; les jurisconsultes sont arrivés, en employant des moyens détournés, à éluder toutes les conséquences du principe d'incessibilité. Maintenu en théorie, ce principe était définitivement tourné dans la pratique.

APPENDICE

RÉFORMES RESTRICTIVES INTRODUITES PAR

ANASTASE ET JUSTINIEN

Nous venons de voir comment la jurisprudence
et la législation, après avoir lutté pendant longtemps contre les conséquences fâcheuses de l'incessibilité des créances, avaient fini par en triompher complétement. Certes, le résultat obtenu
était satisfaisant puisqu'il permettait de négocier
les créances, c'est-à-dire d'en tirer tous les avantages que nous offre la faculté de disposer de nos
biens. Mais les abus ne tardèrent pas à se produire. Des spéculateurs avides, *alienis rebus for-
tunisque inhiantes*, faisaient métier d'acheter des
créances douteuses et soumettaient sans scrupule
les débiteurs à une foule de vexations pour obtenir un payement intégral. Les plaintes que ces
abus suscitèrent devinrent si pressantes que, par
un brusque revirement le législateur restreignit
dans une large mesure la liberté du commerce
des créances.

L'empereur Anastase édicta sur ce point une
constitution fameuse (L. 22, C. 4-35) dans laquelle
il décida, que le débiteur pourrait toujours se
soustraire aux poursuites du cessionnaire, en lui

remboursant le prix de la cession. C'est ce qui a été reproduit en droit français sous le nom de retrait litigieux.

Toutefois cette disposition rigoureuse ne frappait pas les cessions qui, par leur nature même semblaient exemptes de toute idée de spéculation. C'est ainsi que sont exceptées :

1° La cession entre héritiers ou légataires pour faciliter les opérations du partage.

2° La cession consentie par un débiteur à son créancier à titre de *datio in solutum*.

3° La cession faite à un tiers pour la conservation de sa chose. Ainsi, quand Primus a une chose hypothéquée à la dette de Secundus, s'il se fait consentir le transport de la créance par Tertius, il sera réputé agir non pas dans un but de spéculation, mais dans la pensée de libérer sa chose des conséquences de l'hypothèque.

4° La cession à titre gratuit. Les donataires ne sont pas des spéculateurs ; on ne peut pas dire d'eux qu'ils ont acheté pour revendre avec bénéfice ; on ne comprendrait donc pas que le débiteur pût profiter d'un transport consenti par le cédant dans un esprit exclusif de libéralité. D'ailleurs, quelles seraient les conditions du retrait ? Le débiteur ne pourrait pas se libérer, en payant un prix quelconque, puisque le donataire n'a rien donné pour déterminer en sa faveur la transmission du droit ; il faudrait alors déclarer le cédé purement et simplement libre de toute obligation, et on comprend que cela ne soit pas possible.

Maintenant, il faut nous demander si la Constitution d'Anastase s'applique à toutes les créances. On l'a contesté, et, s'appuyant sur certains termes du texte, on a prétendu qu'elle n'avait trait qu'aux cessions de créances litigieuses (M. Accarias : *Précis de droit rom.*, t. II, p. 543, note 3). Nous ne pensons pas que cette distinction doive être admise. D'abord, il est incontestable qu'elle n'est pas nettement indiquée par la Constitution ; car, s'il est vrai que quelques expressions du texte paraissent se rapporter à l'idée d'un procès, ils ne sont pas exclusifs au point qu'on doive nécessairement rejeter les autres hypothèses, et on peut dire que l'empereur a simplement pris ses exemples parmi les cas qui se présentaient le plus souvent en pratique.

En outre, la sévérité de cette décision se comprend, si elle ne se justifie pas, par la puissance de la réaction qui se produisit à la demande générale « *per diversas interpellationes* » contre les abus du système antérieur. La spéculation pouvant exister, même au cas où la créance est certaine, quand la solvabilité du débiteur est quelque peu douteuse, on comprend qu'on ait voulu l'empêcher à tout prix.

D'ailleurs, malgré sa rigueur apparente, cette Constitution fut absolument inefficace, les exceptions qu'elle admettait fournissant à ceux dont elle devait arrêter les agissements scandaleux les moyens de les continuer en dépit de la prohibition.

Un des moyens les plus usités, c'est Justinien lui-même qui nous l'apprend, consistait à présenter la cession comme une vente véritable pour la partie de la créance correspondante au prix payé par le cessionnaire, et comme une donation pour le surplus. De cette façon, en additionnant ses deux qualités d'acheteur et de donataire, le cessionnaire de la créance pouvait poursuivre le débiteur pour le montant intégral de la dette.

Pour faire cesser cette fraude, Justinien dut prohiber la donation partielle d'une créance (L. 23, C. *eod.*). Seule la donation totale restait possible, à la condition qu'il fût bien prouvé qu'il s'agissait d'une cession entièrement gratuite et qu'aucune somme n'avait été clandestinement payée par le cessionnaire au cédant. Toutes les fois que le cessionnaire était convaincu d'avoir acheté sa créance, ses droits contre le débiteur étaient réduits au montant du prix par lui payé.

Quant aux cessions à titre onéreux, Justinien abrogea les exceptions apportées par Anastase à la règle qu'il avait édictée. Par conséquent, il ne fut plus possible de réclamer le payement intégral sous prétexte d'un transport fait entre héritiers, ou d'une *datio in solutum*, etc.

Que deviendra le surplus de la créance ? On a prétendu qu'il restait au cédant, au moins jusqu'à la Constitution de Justinien. Mais rien dans la loi *per diversas* n'autorise cette opinion, évidemment contraire aux intentions d'Anastase et au but qu'il poursuivait. Disons donc que le débiteur était libéré de tout ce qui excédait le prix de la cession et qu'il ne subsistait même pas à sa charge une obligation naturelle pour ce surplus.

Mais, pour profiter du bénéfice qui lui est accordé, le cédé devra-t-il prouver que la cession a été faite pour un prix inférieur au montant de la créance? Est-ce au contraire au cessionnaire d'établir que la somme qu'il réclame n'est pas supérieure à ce que lui a coûté la créance?

A s'en tenir aux idées générales sur la marche de la procédure à Rome, il semble que le doute n'est pas possible. En effet, le cessionnaire agissant contre le cédé n'a qu'à prouver que la créance existe et qu'il en est propriétaire; si le défendeur lui oppose l'exception *legis Anastasiæ* pour bénéficier de la différence entre le prix du transport et le chiffre de la créance, c'est à lui que le fardeau de la preuve doit incomber.

Cette décision soulève tout d'abord une objection sérieuse. Comment le cédé pourra-t-il fixer le prix de la cession? Quels moyens a-t-il de savoir ce qui s'est passé entre le cédant et le cessionnaire? Si l'on admet la solution proposée il est difficile de voir en quoi la réforme adoptée profite au débiteur.

Or nous ne pouvons pas croire que ce soit là

le résultat de la loi. D'ailleurs, il n'est pas vrai de dire que le droit pour le débiteur de se prévaloir de la disposition d'Anastase soit une exception véritable. Les textes présentent la solution d'une façon toute différente : « Ita tamen, ut si quis da-
« tis pecuniis hujusmodi subierit cessionem, usque
« ad ipsam tantummodo solutarum pecuniarum
« quantitatem et usurarum ejus actiones exercere
« permittatur. » (L. 22, C., 4-35.) On voit par ces mots que la loi n'accorde pas une exception au débiteur pour restreindre la demande du cession-naire au montant de ses déboursés, mais bien plutôt qu'elle ne donne action à ce dernier que dans la limite de ce qu'il a payé pour acquérir la créance. C'est donc au cessionnaire, vu sa qualité de demandeur, à prouver qu'il a déboursé telle somme, preuve qu'il fournira facilement en repré-sentant l'acte de cession.

La constitution de Justinien consacre aussi cette théorie, et ses termes montrent bien que c'est l'ac-tion du cessionnaire qu'elle entend restreindre : « ut ne quis alienum subeat debitum cessione in
« eum facta, et ne amplius a debitore consequatur
« his quæ prestitit cessionis auctori. » (L. 23, C., 4-35.)

ANCIEN DROIT FRANÇAIS

DE LA CESSION DES CRÉANCES

Nous venons de voir comment le droit romain, après avoir posé en principe l'inaliénabilité des créances, avait fini, cédant aux besoins de la pratique, par admettre des procédés qui, en dernier lieu, produisaient exactement les mêmes effets qu'une cession véritable. Était-il donc si nécessaire de déclarer les créances incessibles? Pourquoi dire qu'un rapport d'obligation est détruit parce que l'un de ses termes est changé? C'est là une idée, sinon fausse, du moins qui ne s'impose pas d'une façon absolue; car le rapport d'obligation primitif peut précisément avoir été établi non pas entre le débiteur et tel créancier, mais entre le débiteur et le créancier ou les cessionnaires successifs de ce créancier, et à défaut de manifestation expresse de volonté sur ce point, il suffit de présumer cette intention.

C'est ce qu'a fait notre ancien droit qui paraît, dès l'origine, s'être affranchi sur ce point de toutes les subtilités romaines en admettant franchement la possibilité de transmettre les créances entre-vifs. Les textes les plus anciens sont conçus en ce sens (V. notamm. Ordonn., 15 mai 1327; 28 décembre 1355; 3 mars 1356).

Cependant quelques-u..s de nos anciens auteurs paraissent reproduire la doctrine romaine; ils écrivent encore que les créances ne peuvent pas être transportées d'une personne à une autre, et ont aussi recours à la *procuratio in rem suam* pour expliquer la substitution du cessionnaire au cédant dans l'exercice des actions de la créance. Pothier commence son chapitre IV du traité de la vente par cette déclaration : « Une créance étant un droit personnel du créancier, un droit inhérent à sa personne, elle ne peut pas, à ne considérer que la subtilité du droit, se transporter à une autre personne, ni, par conséquent, se vendre. » (*De la vente*, n° 550.)

Mais ce n'était là qu'un hommage platonique rendu au droit romain. Pothier lui-même, qui a déjà pris soin de nous présenter cette idée comme une subtilité, termine le passage que nous venons de citer par cet aveu : « Un mandat fait de cette manière est, quant à l'effet, un vrai transport. De là, il s'est établi dans la pratique qu'on peut transporter les créanc... » Et, pour qu'il n'y ait aucun doute sur la nature de la cession, il indique

les différences qui la distinguent de la subrogation, de la simple indication et de la délégation,
remarquant très-justement que « dans le trans-
port-cession il ne se fait aucune novation ; c'est
l'ancienne dette qui était due au créancier qui
subsiste et qui, de la personne du cédant, est
transportée *non quidem ex juris subtilitate, sed
juris effectu* en la personne du cessionnaire. »
(*Loc. cit.*, n° 552.) Enfin, dans son traité de la
Procédure civile, Pothier dit en toutes lettres
(n° 514), que le cessionnaire devient, par l'effet de
la signification, propriétaire de la créance cédée.
Avant lui, Claude de Ferrière avait déjà écrit, et
sans prendre les mêmes précautions, que le transport dûment signifié « *attribue propriété* » (Ferrière, sur la Cout. de Paris, art. 108, n° 7).

On voit que nous sommes loin de l'idée d'un
mandat, et l'avis de Ferrière a d'autant plus
d'importance qu'il se trouve exprimé dans une
compilation de tous les commentateurs de la Coutume de Paris, en sorte qu'il peut passer pour
l'opinion communément reçue.

Tenons donc pour certain que, dans notre ancien droit, les créances étaient cessibles.

Comment s'opérait cette transmission et à
quelles conditions était-elle soumise ?

Dans notre ancien droit le principe en matière
de transmission de propriété était : « Traditioni-
« bus non nudis conventionibus dominia transfe-
« runtur. » Pour se conformer à cette règle, il fallait

décider que le simple échange des consentements du cédant et du cessionnaire n'était pas suffisant pour rendre ce dernier titulaire de la créance cédée. Une tradition, une prise de possession effective était absolument nécessaire. Mais comment se saisir d'une créance, c'est-à-dire d'une chose incorporelle et partant non susceptible d'appréhension matérielle? A cette question, l'article 108 de la coutume de Paris, qui formait le droit commun en cette matière, répondait : « Un simple transport ne saisit point, et faut signifier le transport à la partie et en bailler copie auparavant que d'exécuter. » Cette signification une fois faite, le cessionnaire était investi du droit qui lui avait été cédé. Mais, tant qu'elle n'avait pas eu lieu, le cédant restait maître de la créance ; aussi décidait-on dans ce cas :

1° Que le cédant pouvait actionner son débiteur sans que celui-ci fût admis à lui opposer la cession.

2° Que le débiteur, par la même raison, se libérait valablement en payant entre les mains du cédant. Le cessionnaire n'avait alors d'autre ressource que de recourir contre le cédant pour lui demander de l'indemniser du dommage qu'il lui causait.

Mais auparavant une autre question se posait : Comment le cédé pourra-t-il faire preuve de ces paiements contre le cessionnaire? Si la libération était constatée par un acte authentique, pas de difficulté. Mais, s'il s'était contenté d'une quittance sous-seing privé, le paiement était-il encore opposable au cessionnaire ? Un arrêt du 10 février 1565 avait décidé que, dans ce cas, le débiteur devait, au moment même où il recevait la signification du transport, déclarer qu'il s'était acquitté de tout ou partie de la dette. Rousseaud de Lacombe, qui rapporte cette décision, la trouve sans fondement et constate que rien n'oblige le débiteur à faire une pareille déclaration, s'il n'est assigné à cet effet. (*Rec. de jurispr. civ.*, v° *Transport*, n° 20.)

3° La saisie-arrêt pratiquée par un créancier du cédant entre les mains du débiteur cédé était valable ; et comme dans notre ancien droit tout saisissant avait un droit de préférence contre les saisissants postérieurs, les difficultés que nous rencontrerons dans la législation actuelle sur ce point, ne se présentaient pas (Poth., *de la Proc. civ.*, n° 513).

4° Le cédant, resté, comme dit Bacquet, maître et seigneur des deniers transportés, pouvait, au mépris de la cession déjà consentie, les céder à une autre personne. Des deux cessionnaires successifs, c'était celui qui, le premier, avait signifié son transport qui était préféré, sans qu'on tînt aucun compte des dates respectives des deux cessions.

Telles étaient les conséquences du défaut de signification. Elles découlaient logiquement de la règle posée dans l'art. 108 de la coutume de Paris et constituaient une application très-exacte des principes généraux qui régissaient alors la transmission de la propriété. Après la signification la situation était complétement renversée. Le cessionnaire devenu créancier au lieu et place du cédant pouvait exercer les poursuites contre le débiteur comme le créancier primitif aurait pu le faire lui-même. Si même la créance résultait d'un titre emportant exécution parée, point n'était besoin que le cessionnaire s'adressât à la justice, il agissait en vertu de son titre exécutoire. Il n'en était autrement que dans quelques coutumes (Melun, Blois) qui s'écartaient expressément du système établi par la coutume de Paris et à peu près universellement appliqué en France.

La signification à laquelle étaient attachés les effets que nous venons d'indiquer, devait être faite au débiteur, à personne ou à domicile, par un sergent ou huissier, contenir copie de l'acte de transport, et remplir toutes les conditions exigées pour les exploits.

On se demandait si la simple connaissance du transport, acquise par le débiteur cédé, pouvait être considérée comme un équivalent de la signification? Brodeau (sur l'art. 108, Cout. Paris, n° 1) soutenait la négative, se fondant sur l'art. 108, qui exigeait une signification. — Despeisses tenait au contraire que le débiteur, s'il connaissait la cession, ne se libérait pas en payant le cédant et restait tenu envers le cessionnaire, et il citait en ce sens un arrêt du Parlement de Toulouse (Despeisses, t. 1, *de l'Achat*, part. 1re, sect. II, n° 4, *in fine*).

Brodeau nous apprend que la signification était inutile lorsque le débiteur s'était obligé personnellement et directement envers le cessionnaire (art. 108, Cout. de Paris, n° 1, *in fine*).

Quant à l'acceptation pure et simple de la cession par le cédé, il n'en est parlé que par Pothier. « L'acceptation, dit-il, que le débiteur fait du transport équipolle à cette tradition (la signification), et, par cette acceptation, le cédant est dépouillé et le cessionnaire revêtu de la créance transportée ; mais cette acceptation, pour avoir effet contre un tiers, doit avoir date certaine, c'est-à-dire celle d'un acte reçu par devant notaire ; si cette acceptation s'est faite par un acte sous signature privée, l'acte n'a de date contre les tiers que du jour qu'il est rapporté au contrôle, ou du jour que la mort de l'une des parties qui l'ont signé en a assuré la date. » (*Traité de la proc. civ.*, n° 514.)

Enfin, on attachait au payement fait par le cédé au cessionnaire le même effet qu'à la signification (Rousseaud de Lacombe, *Rec. de jurisp. civ.*, v° *Transport*, n° 17).

Maintenant que nous sommes fixés sur la nature de la cession et sur la manière dont elle s'opérait dans notre ancien droit, nous devons nous demander :

1° Quelles créances pouvaient être cédées ?

2° Par quelles personnes et à quelles personnes la cession pouvait être consentie ?

3° Quels étaient les effets de la cession ?

§ 1

Quelles créances pouvaient être cédées.

La liberté des conventions était la règle, et l'on peut dire d'une façon générale que toute créance était cessible, quels qu'en fussent la cause et les caractères.

Ainsi, tous les anciens auteurs s'accordent à décider qu'il n'y a aucune différence à faire, au point de vue auquel nous nous plaçons entre les créances à terme et les créances exigibles, ni entre les créances conditionnelles et les créances pures et simples.

Les créances litigieuses pouvaient-elles être cédées ? La négative était enseignée par Rebuffe. Mais l'affirmative finit par prévaloir. Toutefois, Guy Coquille (*Cout. de Nivernais*, chap. XXXII), tout en constatant que la cession portant sur une créance litigieuse n'est pas nulle, parle de « lettres de subrogation avec dispense du vice du litige » que le cessionnaire devait obtenir de la Chancellerie. C'est la seule trace que nous trouvions d'une formalité semblable. Ferrière, Despeisses, Rousseaud de Lacombe, Pothier enseignent que le transport des créances litigieuses est valable sans exiger aucune condition particulière. Nous verrons seulement que toute personne ne peut pas devenir cessionnaire d'une créance litigieuse, et que des mesures spéciales ont été prises à ce sujet dans l'intérêt des débiteurs.

Le principe est donc celui-ci : toute créance peut être cédée à moins d'une prohibition formelle (ex. : ordonn. du 15 mai 1327).

§ II

Par quelles personnes et à quelles personnes la cession pouvait être consentie.

Aucune capacité spéciale n'était exigée pour consentir une cession de créance, et l'on doit pour cette question se reporter aux principes généraux.

Remarquons seulement que, dans notre ancien droit, les rentes foncières, et même, suivant le droit commun, les rentes constituées étant réputées immeubles, il fallait, pour les céder, être capable de consentir des aliénations d'immeubles. Sous l'empire de la Coutume de Paris, par exemple, un tuteur ne pouvait pas vendre la rente, soit foncière, soit constituée à prix d'argent, appartenant à son pupille. (Pothier, *des Personnes*, n° 171.)

Notons aussi l'incapacité qui résultait de la

faillite, Rousseaud de Lacombe dit à ce sujet :
« Toutes cessions et transports sur les biens des
marchands qui font faillite sont nuls, s'ils ne sont
faits au moins dix jours avant la faillite publique-
ment connue (*op. cit.*, v° *Banqueroute*).

Pour savoir qui peut devenir cessionnaire d'une
créance, ce sont encore les règles générales qu'il
faut appliquer. En principe toute personne peut
acquérir une créance primitivement constituée sur
la tête d'une autre personne, mais ce principe recevait des exceptions.

Nous avons vu qu'en droit romain, il n'était
pas permis au tuteur d'acquérir des droits contre
son pupille, et nous savons que la sanction de
cette prohibition était l'extinction du droit cédé
(nov. 72, cap. 5). Le système de la novelle n'était
pas suivi en France ; mais il en était resté quelque
chose. Le mineur n'était tenu envers son tuteur
que jusqu'à concurrence du prix de la cession
(Ferrière, art. 108. Cout. de Paris, § 1, n° 23).

Une autre dérogation, beaucoup plus impor-
tante, est relative aux créances litigieuses. L'article 22 de l'ordonnance du 3 mars 1356 défendait
de céder une créance litigieuse à plus puissant que
soi ; la sanction était la nullité de la cession et
l'extinction de la créance cédée : « voulons et or-
donnons que les cédants ou transportants per-
dent leurs actions. » Mais une question se posait.
Quand une créance est-elle litigieuse ? D'après Despeisses (t. 1ᵉʳ, *de l'Achat*, p. 1, sect. II, n° 6, *in fine*),

la créance prend ce caractère au moment où la demande judiciaire est formée. Cette solution fut consacrée par un arrêt du 27 août 1662. Pothier va encore plus loin que Despeisses : « On appelle, dit-il, créances litigieuses celles qui sont contestées ou peuvent l'être en total ou pour partie par celui qu'on en prétend le débiteur, soit que le procès soit déjà commencé, soit qu'il ne le soit pas encore, mais qu'il y ait lieu de l'appréhender. » (*De la vente*, n° 533.)

Nous retrouvons cette prohibition dans des ordonnances plus récentes. (Ord. d'Orléans, article 54 ; Ord. de 1629, art. 94).

§ III

Effets de la cession.

L'effet de la cession était de conférer au cessionnaire tous les droits qui appartenaient au cédant relativement à la chose cédée. Ainsi, le cessionnaire, investi de la créance, avait le droit d'exiger paiement du débiteur et d'exercer à cet effet contre lui toutes les poursuites que le cédant eût pu intenter.

Lorsque le cessionnaire avait acheté la créance pour un prix inférieur à sa valeur nominale, pouvait-il réclamer l'intrégalité de la somme due ou seulement le prix qu'il avait déboursé ? La majorité des auteurs, Cujas, Ferrière, Despeisses, Guy Coquille, Pothier, se prononçait pour l'application du droit des constitutions *per diversas* et *ab Anastasio,* et par conséquent ne donnaient action au cessionnaire que dans la limite de ses déboursés. Seulement tous ces auteurs étaient d'accord pour n'appliquer cette solution qu'aux cessions de droits litigieux. En outre on y dérogeait encore même dans ce cas toutes les fois que la cession avait une juste cause. Ainsi Brunemann et Pothier enseignent que celui qui a acheté une créance litigieuse *minori pretio* peut en exiger le montant intégral lorsque cette créance lui a été vendue *in consequentiam alterius rei venditæ,* et lorsqu'elle a été vendue en justice.

Outre le principal de la créance, tous les avantages accessoires étaient en même temps transmis au cessionnaire. La créance était-elle garantie par un privilége, par des hypothèques, par un nantissement ou par un cautionnement? Toutes ces sûretés réelles ou personnelles profitaient au cessionnaire comme elles auraient profité au cédant, s'il était resté créancier.

On se demandait si les actions rescisoires que le cédant pouvait avoir à sa disposition étaient transportées au cessionnaire? Brodeau qui discute la question et expose les deux opinions, paraît incliner vers la négative : du reste, il réserve la liberté des contractants et s'attache surtout à rechercher leur intention (Brodeau sur Louet, t. 1, lett. C, n° XXII).

D'un autre côté, il est impossible de ne pas tenir

compte du changement de créancier, par exemple, pour la suspension de prescription. Cependant le cessionnaire ne pouvait pas exciper contre le débiteur des priviléges attachés à sa personne; et Ferrière nous indique bien la raison de cette règle : « Le cessionnaire ne peut avoir plus de droits que le cédant. » Il en résultait encore que le cédé jouissait contre le cessionnaire de tous les moyens qui lui compétaient contre le cédant pour repousser son action ou faire restreindre la condamnation.

Nous venons d'examiner les effets propres à la cession ; nous avons précisé l'étendue de la transmission qu'elle emporte et indiqué la situation du débiteur vis-à-vis de son nouveau créancier. Tout ce que nous avons dit à ce sujet reste vrai, que la cession soit le résultat d'une vente, d'une donation ou d'un contrat quelconque.

Au contraire, pour déterminer les rapports du cédant et du cessionnaire entre eux, il ne suffit pas de connaître les effets de la cession, il faut encore appliquer les principes propres à la *justa causa*, en vertu de laquelle la cession est intervenue.

De tous les contrats auxquels une créance peut servir d'objet, la vente est sans contredit le plus fréquent, à tel point que le mot cession, qui, dans un sens large, désigne la transmission à un titre quelconque des objets incorporels, s'emploie plus spécialement pour désigner la vente de ces objets. Aussi sommes-nous autorisé à étudier plus particulièrement les rapports que la vente d'une créance engendrait dans notre ancien droit.

L'acheteur d'une créance devait payer le prix convenu : c'était là son obligation principale. Mais, lorsque la vente avait pour objet une créance productive d'intérêts ou une rente, il devait en outre les intérêts du prix de plein droit du jour où les intérêts de la créance ou les arrérages de la rente avaient couru à son profit.

Quant au cédant, il était tenu :

1° De délivrer les titres de la créance ou de la rente ;

2° De garantir le cessionnaire.

La première de ces deux obligations ne souffrait aucune difficulté, la seconde au contraire faisait l'objet de nombreuses controverses et demande à être examinée de près.

On distinguait deux sortes de garanties : la garantie de droit, et la garantie de fait.

I. *De la garantie de droit.* — Le vendeur d'une créance était, de plein droit, et par la nature même du contrat, garant de l'existence de cette créance. Il devait défendre le cessionnaire contre toute demande tendant à faire déclarer que la créance vendue ne lui était pas due.

Il était inutile de stipuler cette garantie expressément puisqu'elle existait de plein droit.

II. *De la garantie de fait.* — Pour que l'acheteur d'une créance n'éprouve aucun dommage, il ne suffit pas que cette créance existe bien et légitimement en droit, il faut encore qu'elle soit bonne, c'est-à-dire que le débiteur soit en état de faire honneur à ses engagements. Aussi est-il permis au cessionnaire de suppléer à l'insuffisance de la garantie de droit au moyen d'une clause spéciale obligeant le cédant à garantir la solvabilité du débiteur cédé. Les termes et les effets de ces conventions spéciales pouvaient varier à l'infini : ici en effet tout dépend de la volonté des parties. Néanmoins la pratique avait adopté surtout trois formules sur lesquelles nous devons donner quelques explications.

1° *De la garantie de fait simplement dite.* — Cette garantie avait lieu lorsque le cédant promettait seulement la solvabilité actuelle du débiteur, entendant laisser entièrement et exclusivement à la charge du cessionnaire les conséquences de l'insolvabilité survenue depuis la cession.

Bien entendu, il n'existait aucune formule sacramentelle, et les parties étaient libres de donner à leur convention à ce sujet la forme qu'elles voulaient. Une formule souvent employée était celle de : garantie de tous troubles et empêchements quelconques. que nos anciens auteurs s'accordaient en général pour entendre dans le sens de la garantie de la solvabilité actuelle. (*Contrà* Bacquet.)

2° *De la garantie résultant de la clause de fournir et faire valoir.* — Le sens de cette clause.

d'après Loyseau (*de la garantie des rentes*, ch. IV),
et Pothier (*vente*, n° 563 et 564) dont la doctrine
d'abord contestée avait fini par prévaloir, était
que le cédant devenait responsable tant de l'insolvabilité actuelle que de l'insolvabilité future
du débiteur. Aussi Loyseau considère-t-il dans
ce cas le cédant comme un fidéjusseur : *fidéjus-
sor ob evictionem acceptus.* Il en résultait que le
cessionnaire ne pouvait exercer le recours qui lui
appartenait qu'après avoir discuté le débiteur ; il
ne suffisait pas que ce dernier eût refusé le paiement, il fallait qu'il fût dans l'impossibilité prouvée de payer. Cette décision était équitable, car,
comme Pothier le fait remarquer (*vente*, n° 564),
le vendeur n'avait pas promis que le débiteur *voudrait* toujours payer, mais qu'il *pourrait* payer.

Il était un cas, cependant, où le cessionnaire
était dispensé de discuter le cédé. Celui qui avait
cédé une rente sur le roi avec promesse de fournir et faire valoir n'était pas admis, lorsque le roi
refusait de payer la rente, à renvoyer le cessionnaire à le discuter. C'est qu'alors, en effet, la
discussion était impossible. (Loyseau, *de la garantie des rentes*, ch. X.)

La discussion faite, si le cessionnaire n'était
pas complétement satisfait, quelle était, au juste,
l'obligation qui incombait au cédant? Fallait-il
qu'il payât tout ce qui restait dû, qu'il conti-
nuât le service de la rente? Pour se conformer
aux principes et appliquer exactement la conven-

tion des parties, on aurait dû répondre affirma-
tivement. Loyseau considérait le vendeur d'une
créance qui avait promis de fournir et faire valoir comme un fidéjusseur, il était donc conduit
à lui imposer l'obligation d'indemniser le cessionnaire de tout ce que lui faisait perdre l'insolvabilité du débiteur principal, le cédé. Il décidait
néanmoins, par équité, que le cédant avait le
choix entre ces deux partis : faire ce que le cédé
était tenu de faire, c'est-à-dire suivant les cas,
parfaire le paiement du montant intégral de la
créance, ou continuer le service de la rente; ou
bien, demander la résolution du contrat de cession, reprendre la chose vendue et restituer le
prix. Pour arriver à ce résultat, on avait imaginé
de traiter la vente d'une créance ou d'une rente,
comme la constitution d'une rente à prix d'argent, rente essentiellement rachetable. (Pothier,
vente, n° 170.) Cette analogie forcée entre deux
contrats si différents n'avait été mise en avant
que pour les besoins de la cause. Quoi qu'il en
soit du mérite de cette décision, elle était admise,
et Loyseau constate que, même en cas d'échange,
la jurisprudence laissait l'option au cédant, bien
qu'alors il fût absolument impossible d'assimiler
le contrat intervenu à une constitution de rente.

Quant aux effets de cette résolution que le vendeur pouvait obtenir, ils étaient les mêmes que
ceux de la résolution prononcée pour cause de lésion d'outre moitié. Toutefois Loyseau signalait

entre les deux espèces cette différence : « Le par-
fournissement ou le paiement de la rente est en
la condamnation, et la résolution du contrat en
la faculté du condamné, par opposition à ce qui
arrive en cas de lésion. » (*De la gar. des rentes.*
ch. VII.)

3° *De la garantie qui résulte de la clause de
fournir et faire valoir après simple commandement.* — La clause de fournir et faire valoir avait l'a-
vantage de procurer au cessionnaire la garantie de
la solvabilité future du cédé. Mais nous avons vu
qu'elle nécessitait la discussion préalable du débiteur ; c'était là une source de difficultés et de re-
tards, une gêne considérable contre laquelle un
cessionnaire prudent pouvait chercher à se prémunir. Comment pouvait-il y arriver?

On avait imaginé de faire promettre par le
cédant que, faute par le débiteur de payer, il paie-
rait lui-même. Mais un arrêt rendu en robes rou-
ges, en 1602, décida que « la clause de payer soy-
même requérait discussion. » Il fallait donc, pour
obtenir le résultat voulu, que les parties eussent
plus nettement encore exprimé leur intention. La
clause à laquelle on avait dès lors généralement
recours était celle-ci : je promets fournir et faire
valoir après simple commandement.

Lorsque le cédant avait consenti à faire cette
promesse, le cessionnaire était affranchi de la nécessité de discuter le cédé : si le commandement qu'il
signifiait à ce dernier restait infructueux, son

recours contre le cédant était immédiatement ouvert.

Cette clause produisait encore deux effets considérables.

1° En principe, pour que le cessionnaire pût recourir en garantie contre le cédant avec succès, il fallait que le préjudice par lui souffert ne fût pas le résultat de sa faute ni même de sa négligence. Dans notre hypothèse au contraire, la simple négligence du cessionnaire ne lui faisait pas perdre son recours contre le cédant. On en donnait cette raison qu'étant obligé lui-même, le cédant devait veiller au paiement de la créance cédée.

2° D'après Loyseau (*de la gar. des rentes*, ch. VIII), le cédant qui avait promis « payer soy-même » n'avait pas la faculté d'opter entre l'exécution de cette obligation et la résolution du contrat. C'était assurément un grand avantage pour le cessionnaire. Mais Pothier, sans s'expliquer sur cette décision de Loyseau, nous autorise, par ce qu'il dit de cette clause (*vente*, n° 571 et 572), à penser qu'il ne l'avait pas adoptée.

DROIT FRANÇAIS

DE LA CESSION DES CRÉANCES

NOTIONS GÉNÉRALES. — DIVISION

Il est presque inutile de constater que notre loi actuelle admet la cession des créances. Entre la théorie romaine de l'incessibilité et le principe contraire reçu dans notre ancien droit, le choix des rédacteurs du Code n'était pas douteux. La nécessité de faciliter la circulation des créances, pour favoriser le développement du crédit dans l'intérêt bien entendu du commerce et de la société, faisait un devoir de ne pas reproduire un système dont les inconvénients avaient de tout temps soulevé les plus vives réclamations.

Cependant, même depuis la promulgation du Code civil, certains jurisconsultes ont soutenu que les créances sont de leur nature intransmissibles et que la théorie de la cession repose sur l'idée

d'un mandat tacite conféré par le cédant au cessionnaire.

Nous n'admettons pas cette théorie; il faudrait,
pour l'imposer, établir que l'inaliénabilité des
créances est un principe nécessaire, et que, pour
cette raison, on est obligé d'avoir recours à des
moyens indirects pour arriver au résultat qu'on
ne peut pas obtenir directement. Or, nous l'avons
déjà dit et nous le répétons, le prétendu principe
de l'inaliénabilité des créances n'est pas nécessaire,
et on peut très-bien concevoir qu'il en soit autrement.

Pourquoi veut-on que la règle soit différente
suivant qu'il s'agit d'un droit personnel ou au
contraire d'un droit réel ? On ne conteste pas
qu'un propriétaire puisse transférer le droit de
propriété qu'il a sur un objet. Cependant là aussi
les rapports sont modifiés; le rapport qui existait
entre le *tradens* et la chose est brisé, et il est remplacé par celui qui s'établit entre l'*accipiens* et la
chose. Pourquoi en serait-il autrement des droits
personnels ?

On nous répond qu'il n'y a aucune analogie entre le lien qui unit une chose à une personne et
celui qui existe entre deux personnes : peu importe, dit-on, que tel fonds appartienne à Paul
ou à Pierre ; au contraire le débiteur est intéressé
à conserver le créancier envers lequel il s'est obligé,
à ne pas souffrir le risque de se trouver en face
d'un cessionnaire exigeant et rigoureux.

Cette objection nous touche peu. D'abord il n'est peut-être pas aussi indifférent qu'on paraît le croire que la propriété d'un fonds passe de Paul à Pierre, car il peut arriver que, par suite de ce changement, les relations d'héritage à héritage subissent, sinon en droit, au moins en fait, des modifications importantes. Ensuite cette substitution d'un créancier à un autre, sans le consentement du débiteur se produit bien en vertu de la loi dans d'autres circonstances. Lorsqu'un individu meurt, ses héritiers, ses successeurs irréguliers, ses légataires universels, quels qu'ils soient, se trouvent investis de ses créances, et les débiteurs changent malgré eux de créanciers, les nouveaux pouvant être beaucoup moins indulgents et patients que l'ancien. Ce n'est là, répliquera-t-on, qu'une application de la règle d'après laquelle nous sommes toujours censés stipuler pour nous, et pour nos héritiers. C'est vrai, mais que disons-nous, sinon qu'un créancier stipule toujours pour lui et ses cessionnaires ? Telle est la présomption qu'a établie le législateur ; il est vrai que cette présomption n'est formellement énoncée nulle part, dans aucun texte, mais elle résulte nécessairement du système suivi par les rédacteurs du Code civil en cette matière.

Cette question de théorie étant tranchée, arrivons à l'étude des textes.

Le législateur n'emploie pas pour les créances le terme de *vente* ; mais il désigne l'opération à laquelle elles servent d'objet du nom de *cession de créance*. Cette terminologie s'explique par l'influence de l'usage et de la tradition. l'ancien droit, dominé par les souvenirs de la législation romaine, n'ayant reconnu qu'avec une certaine timidité, le principe de l'aliénabilité des créances. On peut ajouter que le mot *vente* eût été ici trop étroit, les règles spéciales à la transmission des créances devant s'appliquer aux actes à titre gratuit comme aux actes à titre onéreux.

La cession d'une créance se rapproche de certaines autres opérations juridiques auxquelles les créances peuvent donner lieu et avec lesquelles il faut se garder de la confondre.

D'abord la délégation ou novation par changement de créancier. Les différences proviennent de ce que cet acte nécessite l'intervention du débiteur, et emporte novation, de telle sorte que la créance primitive est éteinte et remplacée par la créance qui prend naissance en la personne du délégataire.

Conséquences pratiques :

1° Art. 1278 : « Les priviléges et hypothèques de l'ancienne créance ne passent point à celle qui lui est substituée, à moins que le créancier ne les ait expressément réservées. » En matière de cession de créances au contraire, l'art. 1692 porte : « La vente ou cession d'une créance comprend les accessoires de la créance tels que : caution, privilége et hypothèque. »

2° En l'absence de toute convention spéciale, le déléguant garantit la solvabilité actuelle du délégué (art. 1276) ; le cédant ne garantit que l'existence de la créance (art. 1694).

Il ne faut pas confondre non plus la cession-transport avec la subrogation consentie par le créancier (art. 1250, 1°). Les différences découlent de cette idée que la cession-transport est un acte simple, tandis que la subrogation est un acte mixte. La première n'est que le transport des droits du cédant, la seconde est un paiement suivi d'une cession (on pent ajouter : fictive et relative puisque le payement a en réalité éteint le créance et que ce n'est que dans l'intérêt du subrogé que la créance est réputée existante). Le but poursuivi et l'intention des parties ne diffèrent pas moins : le paiement avec subrogation a lieu dans l'intérêt du débiteur ; la cession a lieu dans l'intérêt du cessionnaire. Conséquences :

1° Le cessionnaire a le droit d'exiger du cédé le paiement intégral, quel que soit le prix de la cession ; le subrogé, au contraire, n'a d'action que dans la limite de ses déboursés. Cela, sans être dit expressément, résulte des art. 1249 et 1250.

2° Si la créance cédée n'existait pas, il y aura lieu à garantie, et le cessionnaire pourra exiger du cédant même de bonne foi, outre la restitution du prix, la bonification des intérêts et la restitution des frais et loyaux coûts de la cession. Le recours dont jouit le subrogé, dans le même cas, n'est qu'une action en répétition de l'indû qui ne lui donne droit à la bonification des intérêts et à la restitution des frais et loyaux coûts de la quittance subrogatoire qu'autant que le subrogeant était de mauvaise foi (art. 1378).

3° La disposition de l'art. 1690 ne s'applique pas à la subrogation, l'efficacité de celle-ci est indépendante à l'égard des tiers de la signification au débiteur ou de son acceptation.

4° Enfin la disposition de l'article 1252, d'après laquelle le subrogeant, qui n'a été payé qu'en partie, peut exercer ses droits pour ce qui lui reste dû par préférence au subrogé, ne s'applique pas au cédant qui n'a cédé qu'une partie de sa créance.

En pratique, il sera souvent assez difficile de décider quelle est l'opération qui est intervenue. La règle en pareil cas doit être de s'attacher au caractère que l'acte revêt en réalité bien plutôt qu'à la qualification que lui ont donnée les parties : et les tribunaux pourraient, suivant les circonstances, décider qu'un acte qualifié subrogation constitue en réalité une cession-transport et réciproquement. Le criterium sera dans la recherche de l'intention des parties et du but qu'elles ont poursuivi. S'agit-il d'une dette exigible, et surtout les poursuites sont-elles déjà commencées, il sera à présumer que l'opération a été faite dans l'intérêt du débiteur et il faudra voir dans l'acte un paiement avec subrogation. S'agit-il au contraire d'une créance non encore exigible, il faudra supposer que l'intérêt du débiteur n'a pas été le motif de l'opération et que, par conséquent, on se trouve en face d'une cession de créance.

La vente des créances est soumise aux règles générales établies par la loi à propos de la vente des objets corporels. Aussi nous proposons-nous, dans cette étude, de n'insister que sur les dispositions spéciales qui font l'objet du chapitre VIII (tit. VI, liv. III) du Code civil, nous contentant, pour les autres questions, d'une indication sommaire de la solution et d'un renvoi aux règles générales de la vente.

Nous aurons ainsi à rechercher :

1° Qui peut consentir ou accepter une cession-transport et quelles créances peuvent être cédées.

2° Comment s'opère la transmission de la créance.

3° Quels en sont les effets.

4° Quelles obligations incombent au cédant et au cessionnaire.

Dans un appendice, nous indiquerons les règles spéciales à la cession des créances litigieuses.

CHAPITRE PREMIER

CAPACITÉ DES PARTIES ET CRÉANCES POUVANT ÊTRE CÉDÉES

SECTION PREMIÈRE
QUI PEUT CONSENTIR OU ACCEPTER UN TRANSPORT

Le principe en cette matière, comme pour la transmission en général, est la capacité.

Quant aux personnes incapables, ce sont d'abord celles que signale l'art. 1124; donc, toutes les fois que l'une des parties contractantes sera un mineur, un interdit ou une femme mariée, il faudra, pour juger de la validité du transport, appliquer les principes qui déterminent la capacité de ces personnes ou de leurs représentants légaux. À ces incapables, il faut ajouter les personnes qui se trouvent dans les cas des art. 1595 et 1596.

Quant aux cessions à titre gratuit, il faudra leur appliquer incontestablement les règles contenues dans les art. 900 à 912.

Y a-t-il des incapacités spéciales à notre matière? A proprement parler, nous n'en voyons qu'une : celle de l'art. 1597, qui interdit aux juges, à leurs suppléants, aux magistrats remplissant le ministère public, aux greffiers, huissiers, avoués, avocats, de devenir cessionnaires de procès, droits et actions litigieux qui sont de la compétence du tribunal dans le ressort duquel ils exercent leurs fonctions, à peine de nullité, et des dépens et dommages et intérêts. Comme nous traiterons séparément des particularités concernant les créances litigieuses, l'explication de cet article viendra naturellement à ce moment. Contentons-nous donc de renvoyer à l'appendice.

Cette incapacité est la seule qui soit vraiment spéciale à l'aliénation des créances. Mentionnons cependant deux autres cas, où la loi, quoique faisant application des règles générales, parle spécialement de la cession-transport.

A. — L'article 450, *in fine*, interdit au tuteur « d'accepter la cession d'aucun droit ou créance contre son pupille. » Le tuteur est, en effet, le contradicteur légal de tous ceux qui prétendent avoir des droits contre le mineur; lui permettre de se substituer à l'un de ces derniers serait le placer entre son intérêt et son devoir et lui permettre de faire des spéculations malhonnêtes. Ce motif n'existant plus quand le tuteur est investi de la créance à titre gratuit, la prohibition cesse de s'appliquer quand la transmission de la créance résulte d'une succession échue au tuteur, d'un legs ou d'une donation à lui offerte.

D'un autre côté, il peut arriver que le tuteur paie de ses deniers une dette du pupille; dans ce cas il aura incontestablement un recours contre le mineur dans son compte de tutelle. Mais nous pouvons supposer que, en outre, le tuteur s'est fait subroger dans les droits du créancier qu'il désintéresse (art. 1250, 1°). Cette subrogation qui ressemble beaucoup à une cession, va-t-elle tomber sous le coup de l'art. 450? Non. Nous avons pris soin, au début de ce travail, de distinguer la subrogation de la cession; comme nous l'avons vu, la subrogation n'est que l'accessoire du paiement, et comme on ne peut refuser de reconnaître la validité du paiement d'une dette du pupille fait par le tuteur, il faut bien aussi admettre l'accessoire, la subrogation. Au fond l'intérêt du mineur exige que les choses se passent ainsi; ce n'est plus une spéculation; la prohibition ne se justifierait donc pas.

Quelle est la sanction de cette disposition de la loi? Ce ne peut être une nullité absolue, la prohibition étant inspirée par l'intérêt du mineur; c'est donc ce dernier seul qui pourra à son gré invoquer ou non la nullité. Au premier cas l'annulation de la cession aura pour effet de remettre les choses dans l'état où elles étaient auparavant, de sorte que le cédant reprendra ses droits contre le mineur, et sera tenu d'un autre côté de rembourser au tuteur le prix de la cession; au second cas, le mineur devra payer entre les mains du tuteur le montant intégral de la créance, quel qu'ait été le prix payé par celui-ci pour l'acquérir.

Ces solutions ont été contestées. Suivant la novelle 72 le mineur se trouvait libéré tant envers le cédant qui n'était plus son créancier qu'envers le tuteur qui n'avait pu le devenir. Certains auteurs proposent d'appliquer cette solution dans notre droit actuel. Quelles que soient les raisons d'intérêt pratique qui militent en faveur de cette solution, il nous est impossible de l'admettre, par cette seule considération que l'ancien droit l'avait déjà abandonnée et que dans le silence du Code nous n'avons pas le droit de la suppléer.

D'autres auteurs également favorables au mineur, trouvant que l'alternative que nous lui offrons n'a pour lui aucun intérêt, décident que, au cas où le mineur respecterait la cession, il ne doit être tenu que de rembourser à son tuteur les sommes que celui-ci a déboursées pour l'acquisition de la créance. Mais ici encore le texte manque, la faculté qu'on veut donner au mineur, c'est d'exercer un retrait, or en matière de cession de créances, la loi ne reconnaît que le retrait des créances litigieuses (art. 1699); introduire ce nouveau cas de retrait serait ajouter à la loi, et nous ne le pouvons pas.

B. — L'autre cas d'incapacité concerne le failli. L'incapacité porte ici sur la faculté d'aliéner.

Notons d'abord qu'après le jugement de déclaration de faillite, le dessaisissement dont est frappé le failli lui interdit évidemment la cession de ses créances. Mais quelle aura été sa situation dans la période antérieure, remontant à l'époque

fixée comme étant celle de la cessation du paiement et aux dix jours qui précèdent?

Il faut se reporter aux art. 446 et 447, C. Com.

L'art. 446 frappe d'une nullité de droit certains
actes, qu'il énumère, par cela seul qu'ils ont été
passés dans la période de la cessation des paiements et les dix jours qui précèdent. Nous trouvons, dans cette énumération, les actes à titre
gratuit. Sera donc nulle : la cession de créance
faite dans cette période à titre gratuit. En second
lieu la loi frappe de nullité les paiements de
dettes même échues faits pendant cette période
autrement qu'en espèces ou effets de commerce :
cela comprend donc le cas où une créance a été
donnée en paiement ; cette *datio in solutum* devra
être déclarée nulle.

L'art. 447, a trait aux actes passés depuis la
cessation des paiements; il ne comprend pas,
comme l'art. 446, les dix jours qui précèdent. Si
dans cette période le failli a fait une vente de
créance, cette vente pourra être annulée, si, de
la part du cessionnaire, il y a eu connaissance de
la cessation des paiements.

La loi est muette sur la déconfiture. Il est incontestable d'abord que les dispositions des articles 446 et 447 C. com., ne peuvent s'y appliquer.
Mais que décider concernant la capacité d'une personne non commerçante dont l'état d'insolvabilité
est certain? Dans un certain nombre de cas la loi
attache à la déconfiture les mêmes effets qu'à la

faillite (art. 1188, 1276, 1446, 1613, 1865, 1913, 2030, 2032-2°), cela est vrai; mais comme nulle part elle ne prend contre les non-commerçants insolvables une mesure analogue au dessaisissement que produit la faillite, il faut reconnaître à la personne en état de déconfiture le droit d'aliéner ses biens et par conséquent ses créances, tant qu'une saisie ne les a pas frappés. Le principe est que toute personne a la libre administration de son patrimoine; pour porter atteinte à cette règle il faut une disposition de la loi ; or, nous ne l'avons pas ici, car il est bien évident que l'art. 443, C. com. ne s'applique qu'au commerçant failli.

SECTION II

QUELLES CRÉANCES PEUVENT ÊTRE CÉDÉES

De même que toute personne, en principe, pe acquérir ou aliéner une créance, de même, en principe, toute créance peut être cédée. C'est l'art. 1598 qui établit cette régie générale ; donc, pour déclarer une créance incessible, il faut une prohibition expresse ou implicite de la loi.

Les modalités qui affectent la créance ne font pas obstacle à ce qu'elle soit cessible. Ainsi, on pourra céder une créance à terme; exemple :

1° *Le droit de recueillir les fruits naturels ou civils d'un immeuble.* — Outre l'argument tiré de l'art. 1130, la loi du 23 mars 1855 est venue supprimer les doutes qui auraient pu exister quant aux cessions de loyers ou de fermages non échus ; le 5° de l'art. 2 de cette loi exige en effet la transcription des cessions de sommes égales à trois années de fermages ou loyers non échus pour qu'elles soient opposables aux tiers. Nous aurons à revenir sur cette disposition quand nous rechercherons comment s'opère la transmission des créances. Constatons, dès maintenant, que, puisque cette loi impose certaines conditions de publicité à ces cessions de créances à terme pour qu'elles soient opposables aux tiers, c'est qu'en principe elles sont valables.

2° Arrérages d'une rente perpétuelle ou viagère. — La Cour de Caen (5 mai 1836) a cependant jugé le contraire. Aux termes de l'art. 547, dit l'arrêt, les fruits sont un accessoire de la chose qui les produit, et ils appartiennent au propriétaire à titre d'accession ; tant qu'ils ne sont pas échus, ils se confondent avec le fonds qui les produit et ne peuvent appartenir qu'au propriétaire. C'est mettre complétement de côté l'art. 1130 qui permet de faire des conventions sur les choses futures et par conséquent sur des fruits à naître. La Cour invoque ensuite le droit ancien qui réprouvait les cessions d'arrérages futurs comme suspectes de dol et de fraude. La réponse est facile : c'est à celui qui prétend qu'il y a eu fraude à en faire la preuve (art. 1117). La fraude prouvée sera donc en fait une cause de nullité ; mais la fraude présumée n'en est pas une en droit.

Par les mêmes raisons, les créances conditionnelles ou même simplement éventuelles sont cessibles : solution commandée par les art. 1150 et 1698.

Maintenant quel sera l'effet de cette cession conditionnelle ou éventuelle? Question de fait qui sera résolue par les termes de la convention ou à défaut d'une clause expresse par l'interprétation de l'intention des parties. Le prix est-il minime en proportion de la valeur du droit cédé? On devra en conclure que c'est la chance de la réalisation de la condition qui a été cédée et que, dès sa passation, la cession est parfaite et indépendante de la condition. Au contraire, le prix est-il l'équivalent du droit cédé, c'est que la validité de la cession est subordonnée à la réalisation de la condition qui affecte la créance.

Sur la plupart des questions qui peuvent s'élever relativement à la cessibilité des créances conditionnelles ou éventuelles, la jurisprudence et la majorité des auteurs sont d'accord pour appliquer la solution que nous avons donnée en principe. Ainsi :

1° Un officier ministériel peut valablement céder le prix de son office avant la prestation de serment et même avant la nomination du nouveau titulaire. (Paris, 26 juillet 1843, Sir., 43-2-523. — Civ. Cass., 15 janvier 1845, Sir., 45-1-84. — Req. rej., 14 décembre 1855, Sir., 56-1-42. — Civ. Cass., 24 juin 1864, Sir., 64-1-347. — Contra : Paris, 25 décembre

1842, Sir., 44-2-401. — Bourges, 11 décembre 1844. Sir., 46-2-271.) Mais on ne peut céder le prix d'un office dont le titulaire aurait l'intention de se démettre avant la conclusion du traité à intervenir à cet effet. (Caen, 27 décembre 1858, Sir. 59-2-283. — Trib. de Toulouse, 24 janvier 1866, Sir., 67-2-88).

2° L'action en indemnité contre une compagnie d'assurances, ou le recours éventuel contre les locataires ou voisins peuvent être cédés avant l'arrivée du sinistre qui donnera ouverture à cette action ou à ce recours. La Cour de cassation l'a jugé ainsi cassant un arrêt contraire de la cour de Paris. (Civ. Cass., 24 novembre 1840. Sir., 41-1-45). Il est vrai que le droit est futur et aléatoire ; mais aucune loi ne prohibe la cession des droits aléatoires, et l'art. 1130 autorise formellement la vente des droits futurs. On objectait que le recours éventuel contre les locataires était tout à fait incertain en ce sens qu'il était impossible de désigner lors de la cession les personnes contre lesquelles il pourrait être exercé. La cour répond que la cession n'en a pas moins porté, au moment où la police d'assurance l'a établi au profit des assureurs, sur un objet clairement déterminé et sur des droits et actions que les parties contractantes pouvaient parfaitement apprécier. La cour en conclut que la cession avait un objet certain, ce qui suffit pour la valider. (Art. 1108.)

3° Les produits d'une œuvre littéraire peuvent-ils être cédés ? Il faut distinguer. S'il s'agit des produits éventuels d'une œuvre qui n'a encore fait l'objet d'aucun traité avec un éditeur, non, la cession n'est pas possible, car il n'existe pas de droit qui puisse être l'objet d'un contrat. (Paris, 30 janvier 1854. Sir., 54-2-734.) Mais, si une convention est intervenue entre l'auteur et l'éditeur, il existe un droit éventuel, donc la cession est possible (Paris, 27 nov. 1854. Sir., 56-2-47).

4° Par la même raison, les sommes qui pourront être dues par suite de l'exécution de devis et marchés portant sur des ouvrages déjà déterminés peuvent faire l'objet d'une cession. Cette proposition, en elle-même, ne fait pas difficulté et n'a jamais été sérieusement contestée. On a seulement voulu prétendre, en se fondant sur l'art. 1798, que cette cession ne pouvait avoir l'effet d'empêcher l'exercice de l'action directe que cet art. 1798 accorde aux ouvriers. Mais c'est l'art. 1798 qui nous détermine à déclarer que la prétention des ouvriers est mal fondée. Aux termes de cet article, en effet, les ouvriers « *n'ont d'action contre celui pour lequel les ouvrages ont été faits que jusqu'à concurrence de ce dont il se trouve débiteur envers l'entrepreneur, au moment où leur action est intentée.* » Or, dans notre hypothèse, le propriétaire des ouvrages n'est plus débiteur de l'entrepreneur, il ne l'est plus que du cessionnaire de ce dernier. Il faut donc respecter cette cession comme on respecterait un paiement effectué. C'est cette dernière opinion qui, malgré

quelques résistances, a été consacrée par la jurisprudence (Lyon, 21 janvier 1846. Sir. 46-2-262.
— Req. rej., 18 janvier 1854. Sir. 54-1-441. — Civ.
cass., 11 juin 1861. Sir. 61-1-878. — Douai, 13 août
1866. Sir. 67-2-292. — Grenoble, 7 février 1868.
Sir. 68-2-80. — Contra, Montpellier, 24 décembre
1852. Sir. 53-2-687.)

Notons cependant que les art. 3 et 4 du décret
du 26 pluviôse an II accordent aux ouvriers et
fournisseurs pour travaux de l'Etat un privilége
sur toutes les sommes dues aux entrepreneurs et
que, en vertu des mêmes articles, ce privilége
s'exerce nonobstant toutes cessions que les entrepreneurs en auraient consenties soit en faveur de
tierces personnes, soit même au profit exclusif de
quelques-uns seulement des créanciers privilégiés. (Aub. et Rau. t. III, § 263 *bis*, texte III,
lett. B. Mimerel, *Rev. crit.*, 1854, V, p. 509, n° 4.
Paris, 27 août 1853. Sir. 53-2-647. Civ. rej.,
22 janvier 1868. Sir. 68-1-177.)

Nous avons supposé jusqu'à présent que la cession portait sur la créance qui naîtrait de l'exécution de devis et marchés concernant des ouvrages
déjà déterminés, et nous avons déclaré la cession
valable. Mais en sera-t-il de même si, quoiqu'il y
ait une convention sur des travaux à faire, les
travaux ne sont pas encore déterminés. Oui, la
cession sera encore valable, mais avec une restric-
tion quant aux effets. En effet, le cessionnaire
doit signifier la cession pour être saisi à l'égard

des tiers ; cette signification a pour but d'apprendre aux tiers quel est le montant de la créance cédée ; or, tant que les travaux ne sont pas déterminés, la créance est incertaine quant à son chiffre et partant la signification devient impossible. Il suit de là que la cession de sommes qui seront dues pour des travaux à faire est, à la vérité, valable entre les parties, car l'entrepreneur a un droit contractuel qui est susceptible d'être cédé ; mais la cession ne produira d'effet, à l'égard des tiers, que lorsque la créance éventuelle sera déterminée par une nouvelle convention intervenne entre les parties contractantes. C'est seulement au fur et à mesure que les sommes dont l'entrepreneur est créancier éventuel deviendront certaines que la signification pourra se faire utilement, et une cession non signifiée n'existe pas à l'égard des tiers. (Laurent, t. 24, n° 466 ; — Aub. et Rau, t. IV, § 359, p. 420. Civ. rej., 7 août 1843. Sir. 43-1-775.)

Ainsi les modalités qui affectent une créance ne font pas obstacle à la cession qu'on voudrait en faire. Comme nous l'avons dit au début de cette section, il n'y a d'incessibles que les créances sur lesquelles frappe une prohibition de la loi (art. 1598). Pas de difficultés quant aux prohibitions expresses, puisqu'on se trouve en présence d'un texte formel : ex. : les parts éventuelles dans le produit des prises maritimes (loi du 1er oct. 1793, art. 46. Arrêté du 9 ventôse an IX, art. 42) ; les traitements de réforme, les pensions militaires ou civiles, celles de la Légion d'honneur (loi sur l'état des officiers, du 19 mai 1834, art. 20. Loi du 21 juin 1845, art. 7. Loi sur les pensions civiles du 9 juin 1853, art. 26, etc.)

Mais à côté de ces prohibitions expresses, tout le monde est d'accord pour admettre des prohibitions implicites résultant de la volonté tacite du législateur. De là, dans certaines hypothèses, des difficultés pour savoir si l'on est ou non en présence de l'une de ces prohibitions implicites. On a en vain cherché à établir un principe général : c'est d'après l'examen particulier de chaque cause, de la nature et des caractères spéciaux d'une créance qu'on devra se décider. Cependant un point qui nous paraît certain, c'est que la volonté du législateur ne peut être induite que d'une loi ; l'art. 1598 le dit : il faut une loi particulière qui prohibe l'aliénation ; tout ce que l'on peut concéder, c'est que la prohibition ne doit pas nécessairement être expresse.

C'est ainsi qu'on regarde généralement comme incessibles les traitements d'activité des militaires et des fonctionnaires publics, dans la mesure où l'art. 580, C. pr., les déclare insaisissables.

Les créances alimentaires peuvent-elles être cédées ? On ne fait pas de difficultés pour admettre des créances alimentaires provenant de la loi ; c'est au contraire une question très-vivement agitée que celle de savoir si la créance d'aliments résultant d'un acte de libéralité est ou non cessible. Pourquoi cette distinction? Il en est une raison souvent donnée et qui doit être, selon nous, absolument écartée : c'est, dit-on, que dans le premier cas la créance est liée à une qualité naturelle sans laquelle elle ne peut avoir d'existence indépendante; cette raison ne prouve rien, car elle prouverait trop : il faudrait dire alors que le droit d'hérédité lui-même est incessible, ce qui est insoutenable. Pour nous, nous pensons que l'incessibilité des créances alimentaires résulte implicitement : 1° de l'art. 581, C. pr., qui les proclame insaisissables; — 2° de l'art. 1004, C. pr., qui interdit de compromettre sur ces créances; et, comme ces deux articles s'appliquent aussi bien aux créances alimentaires résultant de libéralités qu'à celles qui viennent de la loi, nous en concluons, avec MM. Aubry et Rau, qu'il n'y a pas lieu de distinguer et que toutes les créances alimentaires, quelle que soit leur cause, sont incessibles.

On fait contre ce système deux objections principales :

1° Il n'est pas exact de dire que, par cela seul qu'une créance est insaisissable, elle est incessible : ainsi, les rentes sur l'État, quoique ne pouvant être saisies, n'en sont pas moins susceptibles d'être cédées. — Cela est vrai ; mais il est facile de comprendre que, s'il doit en être ainsi pour les rentes sur l'État, il doit en être différemment pour les créances alimentaires. C'est en dehors de toute considération tirée de la personne du crédit-rentier, et dans le but de rehausser la valeur de ces rentes, que le législateur les a déclarées insaisissables, de telle sorte que, quand bien même la loi n'en eût pas formellement permis la cession, ce serait aller directement contre le but qu'elle a voulu atteindre que de conclure de leur insaisissabilité à leur incessibilité. Lors, au contraire, que, dans le but de protéger la personne du créancier, comme cela se présente en matière d'aliments, la loi déclare une créance insaisissable, la conclusion que nous écartions, il n'y a qu'un instant, pour cause d'inconséquence, devient parfaitement rationnelle. L'insaisissabilité conduit forcément en pareil cas, à l'incessibilité, car la protection que le législateur a voulu accorder au créancier, serait incomplète, si elle ne le mettait à l'abri de ses propres faiblesses.

2° La prohibition de compromettre n'emporte pas toujours celle de céder : ainsi le tuteur est autorisé à céder les créances du pupille, quoiqu'il ne puisse compromettre sur ces créances. — Nous en convenons ; mais nous maintenons que, quand la prohibition est fondée, non sur l'incapacité des personnes intéressées ou le défaut de pouvoirs de leurs représentants, mais sur la nature même du droit qui doit former l'objet du compromis, elle ne se comprend qu'en raison de l'indisponibilité de ce droit, indisponibilité qui s'oppose à la cession aussi bien qu'au compromis. C'est ce que prouve clairement, à notre avis, le rapprochement des art. 1003 et 1004, C. pr. : si la personne à laquelle a été fait un don ou legs d'aliments devait être considérée comme ayant la libre disposition de son droit, et comme pouvant par conséquent le céder à titre onéreux, ou même y renoncer à titre gratuit, la prohibition de compromettre sur un pareil droit n'aurait plus aucun fondement rationnel (Aub. et Rau, t. IV, § 350, p. 423 ; — Duranton, XVI, 105 ; — Duvergier, I, 214. — *Contrà :* Larombière, *Des obligations*, I, art. 1128 ; — Rodière et Pont, *Du contrat de mariage*, I, 353 ; — Civ. rej., 31 mai 1820. Sir. 20-1-447. — Req. rej., 1er avril 1844. Sir. 44-1-468).

En dehors des exceptions expresses ou implicites de la loi, la règle que toute créance, en principe, est cessible, s'impose avec rigueur. La libre disposition des biens est une maxime d'ordre et d'intérêt publics consacrée par les art. 547, 1594, 1598 ; on ne peut donc, par la convention, rendre un droit incessible. Le législateur seul a le droit d'apporter cet obstacle à la circulation des biens ; quant aux particuliers, l'art. 6 leur interdit cette clause qui, en effet, est contraire à l'intérêt général et par conséquent à l'ordre public (Laurent, t. 24, n° 467 ; — Civ. cass., 6 juin 1853. Sir. 53-1-619).

CHAPITRE II

COMMENT S'OPÈRE LA TRANSMISSION DE LA CRÉANCE

§ 1

Entre les parties.

Dans la vente d'une créance comme dans toute vente, il y a trois éléments essentiels : le consentement des parties, la chose, et le prix. Pour que la cession soit parfaite, il faut que le cédant ait voulu transporter une créance au cessionnaire, que celui-ci ait eu l'intention d'acquérir la même créance et que tous deux se soient mis d'accord sur le prix. Mais à cette triple condition la créance cédée passe du cédant au cessionnaire; entre les parties, la transmission de la créance est la conséquence directe et immédiate de l'échange des consentements, elle s'opère par le seul effet de la cession.

Quelles sont les parties dans la cession? Il n'y en a que deux comme dans la vente, le cédant et le cessionnaire. A la vérité, il y a cette différence entre la cession et la vente que, dans la cession, la créance qui en fait l'objet est due par un tiers; mais ce n'était pas une raison pour y faire figurer le débiteur : la créance étant dans le commerce comme toute chose, le consentement du vendeur et de l'acheteur suffisent pour en transférer la propriété. Seulement, comme le débiteur change de créancier, il faudra exiger, pour que la cession lui soit opposable, qu'elle ait été portée à sa connaissance; c'est ce qui montre qu'on le considère comme un tiers; et nous aurons à nous en occuper à propos de la transmission des droits à l'égard des tiers.

Faut-il un écrit pour la validité de la cession? Non, puisque la propriété se transfère par le seul effet du consentement (art. 1583). L'écrit n'a d'utilité qu'au point de vue de l'application des règles sur la preuve. Ajoutons que si la créance est hypothécaire, le cessionnaire est intéressé à ce que le transport soit fait par acte authentique, car ce n'est qu'à cette condition qu'il pourra changer le domicile élu par le créancier originaire dans l'inscription de l'hypothèque (art. 2152).

La donation ou le legs d'une créance sont soumis aux règles générales concernant la validité de ces libéralités. Tous actes portant donation entrevifs de créances autres que celles qui ont revêtu la forme du porteur, ou à ordre, devront donc être passés devant notaires (art. 931). De même le legs d'une créance ne vaudra qu'autant qu'il résultera d'un acte fait dans l'une des trois formes indiquées dans l'art. 969.

§ II

A l'égard des tiers.

La cession, parfaite entre les parties, par la simple convention, si elle est à titre onéreux, par l'accomplissement des formalités spéciales aux libéralités, si elle est à titre gratuit, n'est pas encore susceptible de produire tous ses effets, car c'est surtout à l'égard des tiers qu'il est important de se prévaloir d'un pareil acte, et l'art. 1690 exige l'accomplissement d'une certaine formalité pour que la cession puisse être invoquée contre les tiers. Cet article est ainsi conçu :

« Le cessionnaire n'est saisi, à l'égard des tiers, que par la signification du transport faite au débiteur. Néanmoins, le cessionnaire peut être également saisi par l'acceptation du transport faite par le débiteur dans un acte authentique. »

Il est indispensable de bien se rendre compte du fondement, du sens et de la portée de cette disposition.

M. Troplong considère l'art. 1690 comme « le corollaire du principe général porté dans l'article 1141, C. c., qui veut, dit-il, qu'en fait de meubles, la possession ne soit déplacée, à l'égard des tiers, que par la tradition. » (Troplong, p. 448, n° 883.) Nous ne croyons pas que cette opinion soit conforme aux principes du droit civil, qui ne sont en aucune façon les mêmes pour la cession des créances que pour la vente des biens corporels : celui qui achète un meuble corporel devient, en général, propriétaire à l'égard de tous dès que la vente est parfaite, abstraction faite de toute tradition, sauf dans le cas exceptionnel prévu par l'art. 1141 ; tandis que le cessionnaire d'une créance ne devient pas propriétaire à l'égard des tiers par le seul fait de la cession.

Il faut se garder, en effet, d'expliquer l'art. 1690 par des motifs tirés de l'ancien droit ; et il importe de bien établir le sens du mot *saisi*, dont se sert l'art. 1690, mot emprunté à l'art. 108 de la Coutume de Paris ainsi conçu : « Un simple transport ne saisit point ; il faut signifier le transport à la partie et en bailler copie. » Quel était dans l'ancien droit le sens de ces mots : saisir, saisine? Pothier nous l'apprend : « Le transport d'une créance est, avant que la signification en ait été faite au débiteur, ce qu'est la vente d'une chose corporelle avant la tradition. De même que le vendeur d'une chose corporelle demeure, avant que la tradition en ait été faite, possesseur et propriétaire de la chose qu'il a vendue ; de même, tant que le cessionnaire n'a point fait signifier au débiteur le transport qui lui a été fait, le cédant n'est point dessaisi de la créance qu'il a transportée. » (Pothier, *De la vente*, n° 554.)

Ainsi, d'après la théorie de Pothier, dire que le cessionnaire n'était pas saisi, c'était dire qu'il n'avait pas reçu la tradition, et partant qu'il n'avait pas acquis la créance. Aujourd'hui que les principes ont chargé, et que la tradition n'est plus exigée pour la transmission de la propriété, il est évident que l'art. 1690 a modifié le sens du mot *saisi*, ce que la rédaction de l'article indique suffisamment du reste puisqu'il nous dit à l'égard de quelles personnes le cessionnaire n'est pas saisi.

Le motif de l'art. 1690 ne doit donc pas être cherché dans les souvenirs de l'ancien droit, comme l'a fait M. Troplong. Il ne faut y voir qu'une raison d'utilité pratique. C'est une publicité établie par le législateur en faveur des tiers, qui autrement n'auraient aucune connaissance de la cession. A l'égard du débiteur cédé, la publicité est complète soit par la signification, soit par son acceptation. La publicité est moindre à l'égard des autres tiers qui ont intérêt à connaître l'existence du transport. Cependant, comme ces tiers intéressés doivent savoir que la cession n'a aucun effet contre le débiteur tant qu'elle ne lui a pas été signifiée, la plus simple prudence leur commande de s'adresser à ce débiteur afin de s'enquérir si une signification lui a été faite.

Tel est le véritable motif de l'art. 1690, il nous reste maintenant à déterminer sa portée.

La difficulté consiste à savoir quelles personnes la loi entend désigner par le mot *tiers*. Pour les uns ce terme comprend dans sa généralité tous ceux qui ne sont pas intervenus à la cession, toute personne autre que le cédant et le cessionnaire. Lorsqu'on admet que la disposition qui nous occupe n'a rien d'exceptionnel, qu'elle n'est qu'une application du principe établi pour la transmission des meubles en général, on doit naturellement être porté vers cette opinion. Pour ceux au contraire qui voient dans l'art. 1690 une dérogation aux principes du Code civil, ils pensent en général qu'il est plus conforme aux intentions du législateur de donner au mot *tiers* une acception plus restreinte; ils voient dans l'art. 1690 une disposition analogue à l'art. 3 de la loi du 23 mars 1855, sur la transcription, qui confère le droit d'opposer le défaut de transcription seulement à ceux qui ont des droits sur l'immeuble et les ont conservés en se conformant aux lois. Ce système arrive à ce résultat que : ne pourront opposer le défaut d'acceptation ou de signification que ceux qui avaient intérêt à connaître la cession, ceux-là seuls par conséquent à qui préjudicie précisément le défaut de signification ou d'acceptation.

Cette formule comprend :

1° Le cédé, au cas où il a fait des paiements entre les mains du cédant, ou traité avec lui relativement à la créance cédée (art. 1691).

2° Le cessionnaire de la créance dont le droit est menacé par une cession antérieure. A côté de lui, plaçons celui qui aurait reçu la créance en gage. Sa situation serait la même, par rapport au cessionnaire antérieur que celle du second cessionnaire.

3° Enfin, les créanciers du cédant, antérieurs ou postérieurs à la cession, en tant que, par des saisies-arrêts pratiquées sur la créance cédée, ou par l'effet de la déclaration de faillite du cédant, ils ont acquis sur cette créance des droits distincts de ceux de leur débiteur.

Voilà les tiers qui, dit-on, peuvent se prévaloir du défaut de signification ou d'acceptation. Il ne faudrait pas aller plus loin et comprendre dans la disposition de l'art. 1690 toute personne étrangère à la cession et qui pourrait avoir intérêt à la contester sans avoir eu intérêt à la connaître.

Exemple : Le cessionnaire, qui a négligé de signifier la cession ou de la faire accepter, pratique une saisie-arrêt sur un débiteur du cédé. C'est un acte conservatoire ; comme il importe peu à ce débiteur que la saisie-arrêt soit pratiquée par son ancien créancier plutôt que par un cessionnaire, il ne peut soutenir que ce défaut de notification ou d'acceptation lui préjudicie, et par conséquent il n'a pas le droit de l'opposer au saisissant.

Autre exemple : Le cessionnaire d'une créance hypothécaire fait une surenchère du 10° à la suite d'une procédure de purge ; le tiers détenteur qui purge ne peut pas écarter cette surenchère en alléguant que le cessionnaire n'était pas saisi par l'acceptation ou la signification. La raison est la même que dans l'espèce précédente : le tiers détenteur n'a pas eu intérêt à connaître la cession. (Colmet de Santerre, 137 *bis*, IV.)

Ce système compte de nombreux partisans; néanmoins nous ne croyons pas devoir le suivre. Nous sommes bien d'accord avec ses défenseurs sur le principe de la transmission en matière de créances et sur le motif qui a inspiré l'art. 1690; mais nous en tirons des conséquences différentes. Oui, il est bien vrai qu'il n'y a là qu'une question de publicité; mais nous pensons qu'en cette matière, sauf les exceptions telles que celle qui résulte de l'art. 3 de la loi du 23 mars 1855, le principe est que les actes dont la loi ordonne la publicité et qui n'ont pas été rendus publics n'existent pas à l'égard de tous ceux qui ont intérêt à les connaître et qui n'ont pas pu les connaître par suite du défaut de publicité. De là suit que par tiers il faut entendre tous ceux qui ne figurent pas à l'acte et qui ne représentent pas les parties contractantes comme héritiers ou successeurs universels; l'acte n'existe pas à leur égard tant qu'il n'a pas été rendu public. L'article 1690, en ne limitant pas le sens du mot « tiers » nous paraît bien consacrer ce système sur lequel nous nous réservons d'insister lorsque nous arriverons à l'étude des effets de la cession par rapport au cédant et au cessionnaire (chap. III). Nous verrons alors les conséquences pratiques qu'il entraîne et nous y trouverons des raisons nouvelles pour persévérer dans notre opinion.

Auparavant il nous faut rechercher en quoi consistent les formalités d'où résulte la publicité

exigée par la loi, et à quelles règles elles sont sou-
mises.

I. — *De la signification.*

C'est la notification au débiteur du fait de la
cession; cette notification, rédigée dans la forme
ordinaire des exploits, ne peut être adressée que
par le ministère exclusif des huissiers (Bruxelles,
23 mars 1811, Sir. 11-2-280.)

Cette décision nous paraît préférable à l'opinion
contraire, au développement de laquelle M. Rodière a consacré une dissertation insérée dans la
Revue du notariat (Dal., *Rép.*, v° *Notaire*, n° 253).
Aux notaires la loi a spécialement confié la mission de constater les conventions des particuliers,
et d'y donner l'authenticité; aux huissiers est
réservé d'une manière générale le soin de signifier
et d'exécuter les actes volontaires ou judiciaires.
Il est bien vrai que la loi attribue aux notaires, en
concurrence avec les huissiers, la signification des
protêts (art. 172, C. Com.), et qu'elle les charge
seuls de notifier les actes respectueux par lesquels
un enfant demande conseil à ses parents avant de
contracter mariage (art. 154, C. civ.). Mais ces
dispositions spéciales témoignent précisément
d'une règle contraire.

Que doit-on signifier? Le transport, répond
l'art. 1690; c'est donc la convention intervenue
entre le cessionnaire et le cédant. Mais si les par-

ties ont dressé acte, faut-il que copie de cet acte soit donnée dans l'exploit? La coutume de Paris exigeait qu'il fût baillé copie du transport; cette disposition n'a pas été reproduite par le Code, parce qu'il est inutile de faire connaître au débiteur et aux tiers les clauses du contrat qui n'intéressent que les parties contractantes; la seule chose qu'ils aient intérêt à savoir, c'est le fait de la transmission de la créance; c'est là tout ce que l'exploit doit signifier au débiteur. C'est la doctrine de tous les auteurs et la jurisprudence l'a consacrée (Orléans, 26 février 1813, et Toulouse, 11 janvier 1831, Dalloz, v° *Vente,* n° 1756 et 1757).

On s'est demandé si la procuration en vertu de laquelle la cession s'est faite devait être jointe à l'exploit qui signifie le transport. La négative est certaine. Qu'importe en effet aux tiers de savoir que le cédant a donné pouvoir de transporter sa créance, pourvu que le fait de la cession soit constant, ce que l'on suppose.

La signification doit être datée; c'est un des éléments essentiels de tout exploit. Mais ordinairement la date n'indique que le jour; et il est bien rare qu'il y soit fait mention de l'heure à laquelle la signification a été faite. De là des difficultés possibles entre deux cessionnaires de la même créance.

Si ni l'un ni l'autre des deux exploits n'indique l'heure précise de la signification, il nous semble que le plus logique sera de déclarer égaux les droits des deux cessionnaires, et d'ouvrir entre eux une contribution sur le montant de la créance.

Que si l'une des significations est datée et que l'autre ne le soit pas, la question devient plus délicate. La cour de Grenoble, par un arrêt du 30 déc. 1837, a admis dans l'espèce la preuve testimoniale : « Attendu qu'aux termes de l'art. 1690 C. civ. le cessionnaire est saisi à l'égard des tiers, par la notification du transport faite au débiteur ;... que la preuve d'antériorité des significations ne résultant pas des exploits de dénonciation du transport, il y avait lieu d'admettre la preuve testimoniale ; et que cette preuve était admissible, puisqu'il était certain que le cessionnaire (dont la signification portait l'heure) n'avait pu faire résulter une preuve écrite de son exploit, qu'autant que l'autre aurait mentionné l'heure ; ce qui ne dépendait pas de lui. » (Dalloz, v° *Saisie-arrêt*, n° 412, note 1.)

Ainsi qu'on peut le voir d'après les considérants, c'est seulement par le cessionnaire qui, dans sa notification, aura mentionné l'heure que la preuve testimoniale peut être invoquée. C'est de lui seul qu'on peut dire en effet qu'il n'a pu se procurer une preuve par écrit.

Ce système nous paraît devoir être admis ; son fondement juridique est dans l'art. 1348. En outre l'opinion contraire conduirait à la fraude. Exemple : Pierre fait deux cessions successives d'une même créance.

L'un des cessionnaires apprend que l'autre a signifié le transport au cédé. Sans perdre un instant et, le même jour, il fait, lui aussi, sa signification, en recommandant à l'huissier de ne pas indiquer l'heure. Si l'on admet l'opinion que nous combattons, le second cessionnaire viendra sur le montant de la créance concourir par droit égal avec le cessionnaire le plus diligent, ce qui est contraire au but de la loi.

A qui doit être faite la signification? Conformément au droit commun, c'est à la personne même du cédé ou à son domicile général que la signification doit être faite. L'élection d'un domicile pour l'exécution de l'obligation n'autoriserait pas le cessionnaire à notifier la cession à ce domicile spécial. (Bruxelles, 30 nov. 1809, Sir., 10-2-247; Aub. et Rau, § 146, texte et note 16. — *Contrà*, Demol., t. 1, n° 381.) Il nous semble, en effet, que l'esprit de la loi ne laisse aucun doute. Le but de la signification est de porter la cession à la connaissance du débiteur, et par son intermédiaire de la faire connaître aux tiers. Pour que ce but soit atteint, il faut une connaissance réelle et non fictive de la cession ; or elle ne serait que fictive, si la signification était faite au domicile fictif.

Si le débiteur est à l'étranger, comment fera-t-on la signification? La question s'est présentée dans la pratique et a été tranchée par un arrêt de la Cour de Paris, du 25 février 1825 (Sir., 26-2-73).

Ce qui faisait naître le doute, c'étaient deux

articles du Code de procédure, les art. 69 et 560, donnant de la question des solutions différentes, l'un à propos des ajournements, l'autre à propos des saisies-arrêts.

La Cour a pensé, avec raison, que l'art. 560 devait être appliqué de préférence; car les motifs de la signification sont les mêmes que ceux de la saisie-arrêt. Au fond, c'est toujours une défense de payer entre les mains du créancier faite au débiteur par une personne ayant qualité pour cela. De plus le motif que nous donnions tout à l'heure s'applique ici avec non moins de force : ce qu'il faut, c'est une connaissance réelle et non une connaissance fictive de la cession. Or, elle n'eût été que fictive, si la signification avait été faite au parquet du procureur de la République, comme le prescrit l'art. 69, 9°, du Code de procédure, pour les ajournements, tandis qu'elle sera réelle si on applique l'art. 560 qui exige que la saisie-arrêt soit toujours signifiée à personne ou à domicile.

La signification est susceptible d'être faite indistinctement par le cédant ou le cessionnaire (article 1691). En fait, c'est le cessionnaire qui, presque toujours, la fera, parce que c'est surtout lui qui y a intérêt.

S'il y a plusieurs débiteurs d'une même dette, la signification devra-t-elle être adressée à tous ou seulement à l'un d'eux ? Deux hypothèses sont à distinguer :

1° *Ce sont des débiteurs conjoints.* — Comme

chacun ne doit qu'une quote-part, la signification
faite à l'un d'eux ne saisit le cessionnaire que pour
la fraction due par ce débiteur; si donc il veut
être complétement saisi à l'égard des tiers, le cessionnaire devra notifier le transport à tous les débiteurs.

2° *Ce sont des débiteurs solidaires.* — Chacun de
ces co-débiteurs étant tenu pour le tout, la signification adressée à l'un d'eux frappe toute la
créance; une seule signification faite à l'un des
co-débiteurs suffira donc pour saisir le cessionnaire de toute la créance au regard des tiers.
Toutefois, le paiement fait de bonne foi entre les
mains du cédant, par l'un des débiteurs, auquel
le transport n'aura pas été signifié, sera, en vertu
de l'art. 1691, déclaré libératoire (Rouen, 15 juin
1847; Sir. 49-2-25). Mais le danger que court le
cessionnaire de ce chef n'est pas une raison suffisante, pour méconnaître l'effet de la signification
à l'égard des autres tiers; car l'art. 1691 leur est
étranger et ne saurait, par conséquent, être invoqué par eux.

Du principe que la signification doit être adressée au débiteur, nous tirons deux conséquences
méconnues par la jurisprudence :

1° Quand une personne est dépositaire de la
somme affectée au paiement d'une obligation, la
signification qui lui est faite est de nul effet à l'é-
gard des tiers.

La Cour de cassation, cependant, a admis la doctrine contraire; dans un arrêt du 17 nov. 1841 (V. Dalloz, *Rép. alph.*, *Vente*, n° 1702). Elle a décidé qu'une personne ayant versé des fonds au Trésor public, pour constituer un cautionnement à un fonctionnaire, avait fait, à l'égard des tiers, une cession valable de ses droits, du jour où elle avait signifié le transport au ministère des finances ou à la Caisse des dépôts et consignations. La Cour de cassation tire un argument d'analogie de l'art. 557, C. pr. civ., portant que la saisie-arrêt doit être signifiée au tiers détenteur des sommes ou effets que la saisie a pour but d'atteindre. On ajoute à l'appui de ce système, que le système contraire est plein d'inconvénients au point de vue pratique; en effet, dit-on, si la signification de la cession et les oppositions ne sont pas adressées à la même personne, les créanciers saisissants ne seront pas prévenus de l'existence du transport et seront par suite exposés à entreprendre une instance en validité complétement inutile et dont les frais resteront à leur charge.

A ces considérations nous répondrons : d'abord quant à l'argument d'analogie tiré de l'art. 557 C. pr., il est inadmissible puisqu'il a la prétention d'aller contre un texte qui résout nettement la question dans le sens contraire (art. 1690 C. civ.). Cet article 1690 suffit pour établir notre système; mais nous pouvons le défendre encore sur le terrain des conséquences pratiques, en montrant que la solution de la Cour suprême a bien, elle aussi, ses dangers et ses inconvénients. Si on l'admet en effet, le débiteur ignorera le plus souvent la cession qui ne lui aura pas été signifiée. Or, il n'est pas impossible qu'il veuille se libérer en remettant au créancier d'autres valeurs que celles qui sont déposées entre les mains du tiers; faudra-t-il donc déclarer nul et non avenu le paiement qu'il aura fait au cédant par suite de l'ignorance où on l'aura laissé. Telle serait la conséquence nécessaire de l'interprétation que nous combattons, conséquence évidemment contraire à l'équité, et non moins évidemment contraire au texte de l'art. 1691.

2° Le cessionnaire d'une créance hypothécaire n'est valablement saisi à l'égard des tiers que par la signification au débiteur ; il n'y a pas d'exception, même au cas où, postérieurement à l'adjudication de l'immeuble hypothéqué, il aurait adressé sa signification à l'adjudicataire.

La Cour de Limoges, dans un arrêt du 14 janvier 1842 a suivi une doctrine opposée (Dal., *Rép.*, *Vente*, n° 1771, note 1). Nous repoussons cette décision comme contraire au principe posé par l'article 1690. Quels que soient les droits du créancier inscrit, et par suite de son ayant-cause, contre l'adjudicataire, tiers détenteur, l'ancien propriétaire, vendeur ou saisi exproprié, n'en reste pas moins tenu de son engagement personnel ; c'est toujours lui qui est le véritable débiteur cédé ; l'adjudication n'a pas eu pour effet de déplacer la dette. En notifiant le transport à l'adjudicataire, le cessionnaire ne satisfait donc pas au vœu de la loi et n'accomplit pas la condition qui doit le saisir à l'égard des tiers. Du reste, la Cour de Limoges condamne elle-même le principe de sa décision, en admettant, comme elle le fait dans un de ses considérants, que le cessionnaire ne pourrait pas, dans ce cas, méconnaître les paiements que le débiteur, non averti de la cession, aurait effectués entre les mains du cédant.

A qui doit être signifié le transport d'une créance sur l'Etat? Cette question a été tranchée par une loi du 9 juillet 1836, dont l'art. 13 dispose que toutes les significations de cession ou transport de sommes dues par l'Etat devront, à peine de nullité, être faites aux payeurs, agents ou préposés sur la caisse desquels les mandats de paiement seront ou devront être délivrés.

Néanmoins, à Paris, au cas où les deniers transportés doivent être payés à la caisse du trésorier payeur général, la signification se fait au conservateur des oppositions au ministère des finances.

En dehors de cette exception unique, les règles que nous venons de rappeler conservent tout leur empire; en s'y conformant exactement, le cessionnaire d'une créance sur l'Etat est régulièrement saisi à l'égard des tiers et acquiert le droit de méconnaître tous les paiements faits par l'administration au mépris de son transport.

II. — *De l'acceptation.*

Le second mode de publicité admis par la loi pour les cessions de créances est l'acceptation du débiteur dans un acte authentique.

On pourrait croire, d'après la façon dont est rédigé l'art. 1690, que l'acceptation du transport par le débiteur est un mode de publicité inférieur à la signification, plutôt toléré qu'édicté dans un but d'application désirable. Ce serait une erreur ; et l'on peut même dire que, des deux procédés, c'est l'acceptation qui est le meilleur, car elle assure d'une façon plus complète les effets du transport.

La signification, quelque rapide qu'elle soit, demande toujours certains délais pendant lesquels les tiers ont le temps d'acquérir des droits opposables au cessionnaire. L'acceptation au contraire, quand elle est concomitante à l'acte de cession (et on peut la faire dans l'acte même de cession pourvu qu'il soit authentique), ferme la porte à l'éventualité même de ce préjudice.

Même dans le cas où l'acceptation est postérieure à la cession, elle a encore sur la signification la supériorité d'engager personnellement le débiteur cédé. Indiquons seulement cette différence que nous aurons plus tard l'occasion de développer plus longuement.

L'acceptation doit être faite par acte authentique pour être opposable aux tiers (art. 1690). Or le débiteur cédé est l'un des tiers dans l'intérêt desquels la loi veut que la cession soit rendue publique. En faut-il conclure qu'une acceptation authentique est nécessaire pour que la cession puisse être opposée au débiteur cédé? Supposons que celui-ci ait accepté par acte sous seing privé ou verbalement (nous laissons de côté la question de preuve que nous supposons vidée), peut-il après cela payer valablement entre les mains du cédant? Non, car cette acceptation, quelle qu'en soit la forme, constitue un engagement de payer entre les mains du cessionnaire, engagement valable comme toute convention par le seul concours des volontés. L'art. 1690 n'entend point déroger à ce principe; s'il exige une acceptation authentique, c'est parce qu'elle devra saisir le cessionnaire à l'égard de tous les tiers quand même ils n'en auraient pas eu connaissance; mais cela n'empêche pas que tout tiers puisse prendre un engagement particulier à l'égard du cessionnaire, engagement qui n'obligera que lui et qui n'aura aucun effet à l'égard des autres tiers. L'art. 1691 confirme cette opinion; en ne parlant que de la signification, il laisse tout au moins notre question entière, et implique par là même qu'on doit la résoudre en faisant application des principes généraux (Duranton, t. XVI, p. 496, et tous les auteurs. Req. rej., 31 janv. 1821. Dev. et car. Coll. nouv., VI, 1. 376.)

Le débiteur qui, dans un acte sous-seing privé ou même verbalement, a accepté le transport de son obligation, perd le droit de se libérer valablement entre les mains du cédant, mais non entre les mains d'un second cessionnaire qui lui aurait valablement notifié le transport. Cette solution se comprend sans peine; le débiteur, en acceptant le transport par quelque mode que ce soit, reconnaît que le cédant a cessé d'être propriétaire de la créance; si donc il le paie, il cause de mauvaise foi un préjudice au cessionnaire et, par conséquent, lui en doit réparation. Au contraire, vis-à-vis du second cessionnaire, qui, par l'accomplissement des conditions de publicité imposées par la loi, est devenu propriétaire *erga omnes*, le cédé est sans défense, il est obligé de payer; comment dans ce cas le rendre responsable d'un fait qu'il était légalement tenu d'accomplir (Orléans, 29 nov. 1838, Sir. 39-2-327. — Douai, 11 février 1845. Sir. 45-2-375).

Dans le cas où il n'y a eu ni signification, ni acceptation, mais où il est démontré que le débiteur cédé a connu le transport, faut-il admettre que, vu sa mauvaise foi, il n'a pu valablement se libérer entre les mains du cédant ?

Cette question a reçu, dans la jurisprudence, les solutions les plus contraires, et les avis sont aussi partagés dans la doctrine.

Il est cependant difficile de rencontrer un texte plus impératif et plus limitatif que l'art. 1690 :

« *Le* cessionnaire *n'est saisi,* à l'égard des tiers, *que* par la signification.

« *Néanmoins* le cessionnaire peut être également saisi par l'acceptation du transport faite par le débiteur dans un acte authentique. »

On nous objectera que, malgré les termes précis de la fin de l'article, nous avons admis tout à l'heure que le cédé était lié par l'acceptation faite par lui, même autrement que par acte authentique. C'est vrai, mais c'est que nous avions alors un autre principe, posé dans un autre article que l'art. 1690, qui obligeait le débiteur cédé ; l'article 1134 porte, en effet, que « les conventions légalement formées tiennent lieu de loi à ceux qui les ont faites. » Dans l'espéce actuelle, que pouvons-nous invoquer pour suppléer au silence de l'art. 1690, sinon des considérations de sentiment et d'équité, assurément fort touchantes, mais qui viennent échouer contre le texte formel de la loi.

L'argument de texte a d'autant plus d'importance que, dans notre ancienne jurisprudence, il y avait déjà difficulté sur ce point, et on peut en conclure à bon droit que par ses termes restrictifs l'art. 1690 a entendu mettre fin au débat en consacrant l'opinion des auteurs les plus considérables de l'ancien droit : Ferrières, Brodeau, Dumoulin, etc.

En somme la question est celle-ci : la loi ayant organisé un mode de publicité, le fait juridique qui doit être rendu public n'existera-t-il à l'égard des tiers que lorsque ces formalités auront été remplies, ou peut-on admettre comme un équipollent la connaissance que les tiers ont acquise du fait ? Il nous semble que poser la question, c'est la résoudre, et si l'on veut savoir quelle est la théorie du législateur sur ce point, on n'a qu'à consulter l'art. 1071 qui tranche la question à propos de la transcription des substitutions. (Req., 17 mars 1840, Sir., 40-1-198, Bastia, 10 mars 1856, Dal., 56-2-178. *Contrà* : Civ. rej., 13 juillet 1831. Dal. 31-1-242. Bastia, 2 mai 1842. Sir. 42-2-457. Req. rej., 17 août 1844, Sir., 49-1-48.)

Nous nous sommes contenté jusqu'alors de combattre le système contraire au nôtre dans son principe ; si nous examinons les conséquences auxquelles aboutissent ses partisans, nous les verrons s'éloigner de plus en plus du texte et de l'esprit de la loi.

Ainsi un arrêt de cassation du 25 juillet 1832 (Dal. 33-1-67), non content de déclarer le cédé obligé par la connaissance indirectement acquise du transport, décide que, dans ce cas, la cession est opposable aux tiers. Ainsi la simple connaissance que le débiteur a eue de la cession suffirait à opérer la transmission de la créance au regard des tiers, tandis que l'acceptation expresse de cette cession, constatée seulement par un acte sous seing privé, ne produit pas cet effet. Le silence et l'inaction du cédé auraient plus d'importance et profiteraient plus au cessionnaire qu'une acceptation formelle ! Singulier résultat, on l'avouera, et bien fait pour montrer combien la décision de la Cour suprême s'écarte du système organisé par la loi.

Nous voilà bien loin des prescriptions de l'article 1690, mais ce n'est pas tout. Une fois engagé dans cette voie, on devait fatalement arriver à décider que la connaissance indirecte que les tiers, autres que le débiteur, ont acquise de l'existence du transport équivaut, en ce qui concerne ces tiers, à la signification ou à l'acceptation authentique. La Cour de cassation n'a pu éviter cette conséquence logique de la doctrine qu'elle avait consacrée par son arrêt du 13 juillet 1831 (Req. rej., 5 mars 1838. Sir., 38-1-630. — Civ. rej., 4 janvier 1848-1-60).

MM. Aubry et Rau (§ 359, texte et note 12) admettent notre principe, mais avec cette condition que les actes dont les tiers demandent le maintien ne soient entachés ni de mauvaise foi, ni d'imprudence. Nous n'acceptons pas ce tempérament. Pour nous, nous en revenons toujours à notre règle que nous appliquons d'une manière absolue : les droits dont l'acquisition ou la conservation est subordonnée à l'accomplissement d'une certaine formalité, ne peuvent être acquis ou conservés que par l'accomplissement de cette formalité. Voudrait-on, par exemple, décider que entre deux créanciers hypothécaires successifs, on doit donner la préférence au second inscrit, si le premier, au moment où l'hypothèque lui a été consentie, savait que l'immeuble était déjà affecté au paiement d'un autre créancier? Les deux espèces nous semblent analogues, et il est nécessaire de les traiter de même.

Que décider cependant dans l'hypothèse suivante : Une même créance ayant été cédée successivement à *Primus* et à *Secundus*, Primus obtient paiement du débiteur cédé, sans avoir fait aucune publicité de la cession, après quoi, Secundus signifie son transport.

Secundus peut-il méconnaître le paiement fait à Primus en arguant que celui-ci n'a pas été légalement saisi de la créance à l'égard des tiers? Évidemment non. Le débiteur cédé payant à Primus, cessionnaire de la créance, et avant toute signification de Secundus, s'est libéré entre les mains du véritable propriétaire de la créance, et par conséquent a éteint la dette. Aucun texte, en effet, ne défend au débiteur de tenir le transport pour bien et dûment connu, sans qu'il y ait eu signification, et de faire le paiement en conséquence. Secundus, adressant sa signification au débiteur, après qu'il a payé, frappe une chose qui n'existe plus, et par conséquent ne peut invoquer aucune espèce de droit sur la créance (Toulouse, 15 juillet 1843, Dal., v° *Vente*, n° 1774, note 2).

Une autre difficulté s'est présentée dans la pratique.

Pierre donne une créance à Primus, le 1ᵉʳ janvier, et Primus cède cette même créance le 2 février à Secundus qui signifie cette sous-cession le 3 février. Le 15 janvier, Pierre avait cédé la même créance à Tertius qui ne signifie son transport que le 15 février. Secundus est-il en droit d'écarter la cession consentie à Tertius ?

La Cour d'Angers, appelée à statuer sur la question, a repoussé la prétention de Secundus (Angers, 28 mai 1841. Dal. *Rép.*, v° *Dispositions entre-vifs et testaments* n° 1532, n° 1, et *Vente*, n° 1746, 2°, note 1) et le pourvoi formé contre cette décision a été rejeté. C'est qu'en effet la signification faite par Tertius a eu pour effet d'évincer Primus, et par conséquent Secundus son ayant-cause. Tout autre serait donc la solution, si on supposait que Secundus a signifié le transport consenti à Primus en même temps que le sien. Secundus étant alors régulièrement saisi primerait évidemment Tertius.

La loi n'a fixé aucun délai pour l'accomplissement des conditions auxquelles l'art. 1690 soumet la transmission des créances à l'égard des tiers. Le cessionnaire peut donc signifier son transport ou en obtenir l'acceptation à quelque époque que ce soit.

Peu importe qu'au moment de la signification le cédant existe encore ou soit décédé : il est également indifférent, dans ce dernier cas, que sa succession ait été acceptée purement et simplement ou sous bénéfice d'inventaire. Toutefois, cette dernière proposition a été révoquée en doute. On

a prétendu que le sort des créanciers d'une succession est irrévocablement fixé par l'acceptation
sous bénéfice d'inventaire, et que, par conséquent, il est impossible que la signification postérieure à cette acceptation confère au cessionnaire un droit exclusif à une portion du patrimoine du *de cujus*. On a même invoqué en ce
sens l'art. 2146. Mais, outre que le point de départ
de cette opinion est erroné, l'argument tiré de
l'art. 2146 n'a absolument aucune valeur, car
cette disposition exorbitante et spéciale au régime
hypothécaire ne saurait être considérée comme
dérivant d'un principe applicable en toute matière. Cette doctrine, du reste, est condamnée par
une jurisprudence constante. (Douai, 17 juillet 1833, Sir., 33-2-502; Bordeaux, 10 février 1837,
Sir., 37-2-288; Montpellier, 3 mai 1841, Sir.,
41-2-332; Paris, 10 mai 1845, Dal., 45-2-156.)

La faillite du cédant produit-elle l'effet que l'on
voudrait à tort attacher à l'acceptation de sa succession sous bénéfice d'inventaire?

M. Pardessus soutient que la cession ayant
fait passer la créance du patrimoine du cédant
dans le patrimoine du cessionnaire; il n'y a pas
lieu d'appliquer ici les effets ordinaires du jugement déclaratif et que la signification postérieure
à ce jugement saisit valablement le cessionnaire
à l'égard des créanciers de la masse. Dans une
opinion aussi radicale, en sens inverse, on prétend que, pour pouvoir opposer la cession à la

masse des créanciers, le cessionnaire doit l'avoir signifiée avant la cessation des paiements.

Avec la majorité des auteurs et la jurisprudence, nous croyons plus conforme à la loi de décider qu'il est nécessaire et suffisant que le cessionnaire ait signifié ou fait accepter son transport avant le jugement déclaratif. D'une part, en effet, tous les avantages que les créanciers retireraient d'une opposition par eux formée entre les mains du cédé, leur sont acquis en vertu même de ce jugement qui dessaisit complétement le failli à leur profit. Et, d'autre part, cette saisine des créanciers résulte seulement de ce jugement, si bien que jusqu'à ce qu'il soit rendu, la signification de la cession frappe sur une créance à laquelle aucun tiers n'a de droit acquis. (Civ. cass., 4 janvier 1847. Sir. 47-1-172 et 174. — Paris, 17 février 1849. Sir. 49-2-175. — *Contra :* Civ. rejet, 13 juillet 1820. Sir. 30-1-375.)

Enfin, constatons dès à présent que la signification du transport postérieure à une saisie-arrêt des deniers transportés ne peut produire que les effets d'une simple opposition. Nous insisterons plus loin sur les droits respectifs du créancier saisissant et du créancier cessionnaire dans cette espèce.

III. — *Condition requise par la loi du 23 mars 1855.*

Dans le système du Code, l'accomplissement de l'une ou de l'autre des formalités indiquées dans l'art. 1690 suffisait en tous cas à saisir le cessionnaire au regard des tiers; aucune cession n'était soumise à une condition particulière. La loi du 23 mars 1855 contient à ce sujet une innovation.

Indépendamment de la signification ou de l'acceptation authentique, cette loi exige que tous actes ou jugements constatant une cession de trois années au moins de loyers ou de fermages non échus, soient transcrits pour pouvoir être opposés aux tiers ayant acquis et conservé conformément à la loi des droits réels sur les immeubles loués (art. 2, 5° et art. 3). Ce n'est qu'en observant cette disposition que le cessionnaire pourrait, par exemple, faire valoir les droits qu'il tient du transport, contre un acquéreur postérieur de l'immeuble dont les loyers auraient été cédés.

IV. — *Des créances auxquelles s'applique l'article 1690.*

L'art. 1690 consacre une exception au principe du Code civil quant au transport de la propriété, il faut donc se garder d'étendre ses dispositions. Le texte même, en supposant l'existence d'un *débiteur*, indique que l'accomplissement des formalités dont il y est question n'est indispensable que pour la cession des créances proprement dites, c'est-à-dire des créances ayant pour objet le paiement d'une somme d'argent, la prestation d'un fait, ou la livraison de choses mobilières déterminées seulement quant à leur espèce. Tout autre droit est valablement transporté sans que le cessionnaire ait à se conformer aux prescriptions de l'art. 1690. Ainsi on doit considérer comme inutile la signification d'un transport de droits successifs. (Civ. rej., 6 juillet 1858; Sir., 59-1-247.)

A plus forte raison, les formalités de l'art. 1690 ne seront point nécessaires au cas d'un changement de créancier déterminé par une autre cause que la cession. Exemple : la subrogation, la novation par changement de créancier, la délégation parfaite ou imparfaite. On a cependant contesté notre solution quant à cette dernière opération, en s'appuyant sur la ressemblance qu'elle offre avec la cession; nous avons déjà remarqué que, quoique ces deux opérations eussent certains points de contact, elles différaient sensiblement; nous n'en voulons pour preuve que les art. 1276 et 1278 contraires aux art. 1692 et 1694 spéciaux à le cession des créances. C'est pourquoi vouloir les assimiler pour leur appliquer une disposition spécialement édictée en vue de l'une d'elles et exorbitante du droit commun, nous paraîtrait aller contre le texte et l'esprit de la loi (Laurent, n° 501. *Contrà,* Aub. et Rau, t. IV, p. 332, not. 28).

Ce n'est pas seulement à la cession des obligations purement civiles que s'applique l'art. 1690;
il faut y soumettre aussi les cessions faites entre
commerçants dans la forme ordinaire du transport, alors même que la créance transmise est de
nature commerciale. Nous adoptons sur ce point
le sentiment de M. Troplong qui dit fort juste-
ment : « Toutes les fois que le Code de commerce
a voulu établir un mode particulier de transmission des créances commerciales, ne l'a-t-il pas fait
d'une manière expresse, comme par exemple dans
les art. 35, 136 et 137? Si l'art. 1690 eût été inapplicable dans les usages du commerce, aurait-il fallu
une disposition positive pour les actions au porteur? Aurait-il été nécessaire de faire un article
exprès pour dire que, dans le cas où l'action est
sous la forme d'un titre au porteur, la cession
s'opère par la délivrance du titre? » (*de la Vente*,
t. II, n° 908; Civ. cass., 23 nov. 1813. Sir., 14-1-78.
Civ. rej., 27 nov. 1865. Sir., 66-1-60.)

D'autre part, il y a des créances proprement
dites dont la cession n'est pas soumise aux conditions de l'art. 1690 ; ces exceptions à la règle ou
bien résultent de la forme que les parties ont donnée à l'obligation, ou bien sont établies par le législateur lui-même.

La loi qui présume chez celui qui s'oblige l'intention d'autoriser le créancier à céder son droit ne
va pas jusqu'à présumer qu'il n'ait pas consenti à
être informé de la cession. Mais, si le débiteur en

contractant l'obligation, fait entendre express-
ment qu'il consent à ne pas être informé de la cession et à ne pas pouvoir opposer au cessionnaire
les exceptions qu'il eût pu opposer au cédant,
il n'y a pas de raison pour que la loi ne sanctionne
pas en principe une pareille convention. Or la
forme *à ordre* ou la forme *au porteur* qu'un débiteur donne à son obligation manifeste l'existence
d'une semblable convention, c'est par ces expressions que les parties ont l'habitude de traduire
leur volonté.

La loi commerciale admet formellement la convention que nous venons d'indiquer avec toutes
ses conséquences (art. 136 et 187, C. com.). La lettre de change et le billet à ordre se transmettent
par simple endossement sans autre formalité.

Ces dérogations à l'art. 1690 sont-elles spéciales au droit commercial? On l'a soutenu : mais
nous croyons au contraire que les art. 136 et 187
du Code de com. ne sont que des applications ré-
gulières du principe supérieur consacré par l'article 1134 du Code civil. L'émission de créances à
ordre ou au porteur est libre par cela seul qu'elle
n'est pas défendue. Les règles contenues dans les
art. 1690 et suiv. du Code civil protégent le débiteur qui, dans l'obligation, n'a accordé aucune faculté spéciale de transmission à son créancier ; elles
ne l'empêchent pas de lui en accorder. Aussi nous
sommes autorisé à dire que toutes les obligations, même purement civiles, peuvent être sous-

traites à l'application de l'art. 1690; il suffit pour cela qu'elles aient été stipulées payables au porteur ou à ordre. N'est-ce pas d'ailleurs ce qui ressort de l'art. 636 du Code de commerce?

La question offre un grand intérêt pratique quant aux obligations émises par certaines sociétés civiles sous la forme au porteur, les sociétés ayant pour objet l'exploitation des mines, par exemple; ou bien encore quant aux assurances sur la vie, auxquelles il est d'usage, dans la pratique, de donner la forme à ordre pour permettre à l'assuré de transmettre plus facilement le bénéfice de son contrat.

Peu importe à la solution de notre question que la créance cédée soit constatée par acte sous seing privé ou par acte notarié; si certains actes ne peuvent résulter que d'un titre authentique, la réciproque n'est pas vraie et les parties sont toujours libres de faire donner l'authenticité aux conventions permises par la loi. Un billet à ordre peut donc être créé par acte notarié, et il n'est pas moins cessible par voie d'endossement sans autre formalité. Cette manière de voir est aujourd'hui à peu près unanimement adoptée (Merlin, *Répert.* V° *Lettre de change*, n° 7; Duvergier, *de la Vente*, t. I, n° 212, Nouguier, *Lettre de change*, t. I, p. 72). La Cour de cassation l'a admise (30 juillet 1828, Dal., 28-1-360), et si les cours de Lyon et de Grenoble ont cru devoir s'en écarter (Lyon, 22 mars 1830; Sir., 31-2-238); Grenoble, 7 fév. 1835; Sir.,

35-2-340), elles y sont toutes deux revenues peu de temps après (Lyon, 4 juin 1830, Sir., 33-1-817; Grenoble, 17 nov. 1836; Sir., 37-2-282).

La transmission des rentes sur l'Etat est soumise à un régime spécial : primitivement les inscriptions de rente devaient être nominatives et la transmission s'en opérait au moyen d'un transfert : mais depuis longtemps déjà on a autorisé la conversion de ces inscriptions en titres au porteur transférables par tradition manuelle (loi 28 floréal an VII: Décret 13 thermidor an XIII, art. 1 ; Ordon. des 29 avril et 10 mai 1813 et du 17 septembre 1834 ; décret du 7 juillet 1848 ; décret du 29 janvier 1864).

CHAPITRE III

DES EFFETS DE LA CESSION

Les effets de la cession dépendent du contrat intervenu entre les parties. Il en est de la cession comme de la vente d'un objet quelconque ; notre tâche ne consiste donc pas à énumérer ces effets qui sont connus ; mais à insister sur les règles spéciales au transport des créances.

L'effet translatif, par exemple, est gravement modifié tant par les dispositions des art. 1690 et 1691 que par la loi du 23 mars 1855 (art. 2, § 5) ; nous rechercherons les conséquences de ces règles spéciales. Nous aurons à déterminer ensuite ce qui est compris dans la cession (art. 1692).

Notre chapitre se divise donc tout naturellement en quatre sections, comme suit :

Section I. — Des conséquences du défaut de signification ou d'acceptation authentique du transport.

Section II. — Des conséquences de la signification ou de l'acceptation authentique du transport.

Section III. — Des conséquences de l'accomplissement ou de l'inaccomplissement de la formalité exigée par l'art. 2, § 5 de la loi du 23 mars 1855.

Section IV. — Des droits et avantages qui passent au cessionnaire et des exceptions qui peuvent lui être opposées.

SECTION PREMIÈRE

DES CONSÉQUENCES DU DÉFAUT DE SIGNIFICATION OU D'ACCEPTATION AUTHENTIQUE DE LA CESSION

Cette situation doit être étudiée à l'égard de 3 catégories d'intéressés : 1° le cessionnaire; 2° le cédant ; 3° les tiers. Examinons donc quels seront leurs droits.

I. *Droits du cessionnaire.* — De nombreuses controverses se sont élevées à propos de cette question, et dans beaucoup d'espèces, les auteurs, quoique paraissant d'accord quant au point de départ, diffèrent sur les conséquences. Toutes ces divergences et ces difficultés tiennent, pensons-nous, à ce qu'on a trop souvent tenté de substituer des considérations d'équité aux règles et aux formalités de la loi. Quant à nous, nous ne voyons aucune considération assez forte pour triompher du texte de l'art. 1690 portant que, à l'égard des tiers, le cessionnaire n'est saisi que par la signification ou par l'acceptation du débiteur cédé. Nous avons combattu une opinion restrictive du mot « tiers » et nous avons dit que nous entendions par là toute personne autre que les deux parties contractantes. Ce principe étant admis, la solution de toutes les questions de la matière en découle naturellement et sans effort.

Le cessionnaire peut-il faire des actes conservatoires? Les auteurs qui donnent au mot « tiers »
un sens restrictif l'admettent en se fondant sur
leur interprétation de l'art. 1690. Ils décident en
conséquence que le cessionnaire, même sans avoir
fait de signification, ni obtenu l'acceptation de la
cession, peut interposer des saisies-arrêts entre les
mains des débiteurs du débiteur cédé; ou encore,
si la créance est hypothécaire, prendre inscription
en son propre nom, et, au cas de purge poursuivie
par un tiers-détenteur des immeubles hypothéqués, former une surenchère (Aub. et Rau, p. 433
et notes 36 et 37, et les autorités qui y sont indiquées).

Mais, si l'on envisage l'autre face de la question
on voit les partisans de ce système se diviser immédiatement. Pour être logiques, en effet, ils de-
vraient décider que, puisque le cessionnaire a acquis ces droits, le cédant qui les lui a transmis
n'en jouit plus, et quelques-uns sont allés jusque-
là (Colmar, 27 avril 1824; Sir., 26-2-52). Par malheur cette opinion est non moins contraire à l'article 1690 que logique, et la plupart ont reculé
devant cette conséquence. Ils sont donc forcés
d'admettre, pour ne pas violer ouvertement la loi,
que le cédant, quoique n'ayant plus aucun droit
sur la créance (c'est ce qu'ils prétendent en effet
quant aux tiers en question) peut cependant
prendre des mesures conservatoires de ce droit !

(Aub. et Rau, p. 434, note 40; Duvergier, II, 204;
Civ. rej., 22 février 1858; Sir., 58-1-444).

Le principe que nous avons reconnu nous fait
éviter cette impasse : pour nous en effet, le cédant,
étant resté propriétaire à l'égard de tous les tiers
tant que la cession n'a pas été publiée conformément à la loi, lui seul peut prendre des mesures
conservatoires, et le cessionnaire n'a pas qualité
pour cela.

La même question se pose pour les actes d'exécution. On ne peut plus contester cependant que
le débiteur cédé ne soit un tiers puisque la loi dit
(art. 1691), et elle le dit pour valider le paiement
fait par le débiteur au cédant avant la signification du transport. Néanmoins les mêmes auteurs
admettent que le cessionnaire a le droit de poursuivre le débiteur cédé, indépendamment de toute
signification ou acceptation. Le débiteur, dit-on,
peut exiger que le cessionnaire justifie de sa qualité en produisant l'acte de cession; mais dès que
cet acte est produit, il ne peut se refuser de payer
entre les mains du véritable propriétaire de la
créance. Nous répondons que c'est précisément
la question; quel est le propriétaire de la créance
à l'égard du débiteur cédé tant qu'il n'y a pas eu
de cession signifiée? L'art. 1690 nous le dit: c'est
le cédant. Le cessionnaire n'a donc aucun droit
tant qu'il n'a pas rendu publique la cession à lui
consentie. L'art. 2214 le dit formellement en matière d'expropriation : « Le cessionnaire d'un titre

exécutoire ne peut poursuivre l'expropriation qu'après que la signification du transport a été faite au débiteur. » On prétend que cette disposition est une exception; il est bien plus naturel d'y voir une application directe de la règle établie par l'art. 1690; et si le cessionnaire ne peut exproprier, il ne peut pas non plus poursuivre, car la poursuite aboutit à l'expropriation quand le débiteur ne paie point.

Si l'on admet que le cessionnaire peut poursuivre le cédé, on reconnaît que celui-ci est son débiteur; et en cette qualité il va pouvoir nover, compenser. Situation singulière car tous ces actes, il peut les accomplir aussi à l'égard du cédant (art. 1691); le débiteur cédé aurait donc deux créanciers! Et comment les choses se passeront-elles si ces deux créanciers deviennent débiteurs du débiteur cédé? On ne peut soutenir que la compensation s'opérera à l'égard des deux débiteurs; ce serait absurde. Il faut reconnaître que, tant qu'il n'y aura pas eu signification, ni acceptation, le cédant seul pourra invoquer la compensation, puisqu'à l'égard des tiers, c'est lui qui est toujours le propriétaire de la créance. Pour la même raison, c'est lui seul qui a qualité pour recevoir le paiement, et par conséquent, exercer les poursuites (art. 1691). (Laurent, n°s 521, 522.)

II. *Droits du cédant.* — Nous venons de voir que, tant que la cession n'a été ni signifiée, ni acceptée, le cédant est resté propriétaire à l'égard des tiers, et que, par conséquent, il a, d'après nous, le droit de prendre des mesures conservatoires, de poursuivre le paiement, en un mot, de disposer de la créance, sauf, bien entendu, l'obligation de garantie qui lui incombe à l'égard du cessionnaire.

L'art. 1691 déclare expressément que le paiement fait au cédant est libératoire. Rien de plus naturel, en effet : le débiteur ne connaît que le créancier envers lequel il s'est obligé, et il est impossible de le rendre responsable des conséquences de l'ignorance de la cession où on l'a laissé. Certes, en recevant le paiement d'une créance qu'il a cédée, le cédant commet un acte immoral, mais sa mauvaise foi ne saurait avoir pour résultat d'empêcher la libération du cédé qui a fidèlement exécuté son obligation.

La disposition de cet article devrait être appliquée alors même que le débiteur aurait eu connaissance du transport avant d'effectuer le paiement ; car la loi déclare valable et libératoire tout paiement fait antérieurement à la notification. Outre qu'elle est conforme à la loi ; notre solution a cet immense avantage d'éviter tous les débats qui pourraient s'élever sur la question de savoir si oui ou non le cédé a connu la cession. Le législateur a mis à la disposition du cessionnaire un moyen facile de se prémunir contre cette éventualité ; s'il n'en use pas, il n'a pas le droit de se plaindre du dommage que lui cause sa négligence.

Non-seulement le cédé se libère valablement en payant le cédant, mais comme il peut avoir intérêt à se libérer immédiatement, il faut lui reconnaître le droit de forcer le cédant à recevoir paiement. Du reste, le cédant peut se soustraire à cette nécessité en notifiant lui-même le transport au débiteur.

Comment le cédé fera-t-il preuve de sa libération envers le cessionnaire ? En représentant la quittance qu'il aura reçue du cédant. Mais l'article 1328 exige la date certaine pour qu'un acte sous seing privé soit opposable aux tiers. Il semble bien que cette disposition devrait être ici applicable ; la quittance est en effet un acte sous seing privé, et le cessionnaire est un tiers. Cependant la jurisprudence est constante pour ne pas exiger la date certaine ; en pratique, en effet, on ne fait jamais enregistrer les quittances ; l'application de l'art. 1328 rendrait donc complétement inefficace la disposition de l'art. 1691. Il est bon de noter, du reste, que la jurisprudence que nous venons de signaler n'exclut nullement l'examen des faits eux-mêmes, et que les magistrats restent toujours maîtres d'apprécier la sincérité de ces quittances ; en un mot, nous leur attribuons à cet égard un pouvoir absolu d'appréciation.

Certains auteurs leur refusent ce pouvoir en s'appuyant sur l'ancien droit ; d'après Charondas, Ferrière et Bourjon (t. I, n° 10, p. 466), le débiteur devait, au moment même où il était touché par la signification, exciper des quittances sous seing privé non enregistrées qu'il avait reçues du cédant sous peine de ne plus pouvoir les opposer. MM. Troplong et Delvincourt pensent que cette exigence doit être maintenue dans la législation actuelle. Nous répondrons d'abord que cette opinion n'était pas unanimement adoptée par les anciens auteurs. Rousseaud de Lacombe, rappelant un arrêt du 10 février 1565, nous dit : « Débiteur doit au temps de la signification du transport, déclarer qu'il ne doit rien, sinon la quittance sous signature privée de date antérieure ne serait valable (Arr. Carrond., *Obs. verb. cession.*), mais, c'est sans fondement ; rien n'oblige un débiteur de faire pareille déclaration, s'il n'est assigné à cet effet. » (*Rec. de jurisprud. civ.*, v° *Transport*, n° 20, p. 333). L'ancien droit ne nous donne donc pas une solution bien nette de la difficulté ; quant à la législation actuelle, elle est muette sur la question, et nous ne sommes pas autorisés à introduire dans la loi des exigences qui ne s'y trouvent pas. Ajoutons qu'il serait injuste d'exiger du débiteur la représentation immédiate d'une quittance qu'il a reçue depuis longtemps, ou bien même qui, ayant été donnée à son auteur, se trouve dans les papiers d'une succession qu'il ne connaît pas encore. Nous maintenons donc notre opinion d'après laquelle les magistrats ont un pouvoir absolu d'appréciation, ce qui fait que le débiteur cédé aura raison d'exhiber immédiate-

ment sa quittauce, mais ne sera pas nécessairement repoussé, s'il ne l'a pas fait.

Les mêmes motifs qui expliquent et justifient
l'art. 1691, conduisent naturellement à décider
que le cédé peut se prévaloir contre le cessionnaire
de toute cause d'extinction de sa dette comme de
toute présomption de libération antérieure à la
signification.

Supposons, par exemple, que le cédant ait formé
une demande en paiement contre le cédé, et
qu'un jugement intervenu avant la notification du
transport ait repoussé cette demande. L'exception
de la chose jugée pourra sans aucun doute être
invoquée par le cédé contre le cessionnaire. Il faut
même dire que ce dernier ne serait pas recevable
à former tierce-opposition au jugement rendu
entre le cédant et le cédé; il ne peut pas plus critiquer la décision judiciaire qui lui est ainsi opposée qu'il ne pourrait critiquer un paiement (Cass.,
16 juillet 1816, Sir. 17-1-25).

Si le cédé est devenu, depuis la cession et avant
la notification, créancier du cédant, la compensation s'opérera. Nous avons repoussé une opinion
d'après laquelle, même avant toute notification,
la compensation pouvait s'opérer entre le cédé et
le cessionnaire; mais quant au cédant le doute
n'est pas possible. L'affirmative résulte en effet
des principes mêmes de la matière (1691), et en
outre de la disposition formelle de l'art. 1295-2°.

III. *Droits des tiers.* — Nous n'avons pas à revenir sur la situation du débiteur cédé qui a été traitée à propos des droits du cessionnaire et du cédant ; nous avons admis que, à son égard la cession non signifiée ni acceptée n'existant pas, il était resté vis-à-vis du cédant dans la même situation qu'auparavant.

Il nous reste à parler du cessionnaire postérieur et des créanciers du cédant.

Si un créancier, après avoir cédé son droit à Pierre, le transporte ensuite à Paul ; ce dernier sera seul investi de la créance pourvu qu'il ait le premier signifié son transport. Cette solution, qui est l'application directe de l'art. 1690, n'est pas contestée. Il est même indifférent que le second cessionnaire ait été de bonne ou de mauvaise foi, car notre décision n'est pas fondée sur l'art. 1141, mais sur l'art. 1690, qui, sans faire cette distinction, répute tout transport inexistant à l'égard des tiers tant qu'il n'a pas été signifié u accepté dans un acte authentique.

Quant aux créanciers du cédant, ils peuvent saisir-arrêter la créance cédée jusqu'à la notification de la cession. C'est encore une conséquence incontestable de l'art. 1690.

Nous ne distinguons pas entre les créanciers antérieurs et les créanciers postérieurs à la cession. Les premiers ont, en effet, de même que les derniers, un intérêt légitime à repousser le cessionnaire, et l'opposition pratiquée à leur requête, après la cession, mais avant la signification, a fait

naître à leur profit sur la créance un droit distinct de celui de leur débiteur.

SECTION II

DES CONSÉQUENCES DE LA SIGNIFICATION OU DE L'ACCEPTATION AUTHENTIQUE DU TRANSPORT

En accomplissant l'une ou l'autre des formalités
prescrites par l'art. 1690, le cessionnaire conso-
lide sur sa tête la propriété de la créance qui lui a
été transmise. Il s'en saisit à l'encontre des tiers
qui désormais ne pourront plus acquérir aucun
droit sur cette créance du chef du cédant, ni méconnaître, en quoi que ce soit, l'effet translatif du
transport. De là d'importantes conséquences qui
sont la contre-partie des conséquences du défaut
d'acceptation ou de signification. En un mot, le
cessionnaire est propriétaire *erga omnes*, et en
cette qualité, il jouit de tous les droits que nous
lui refusions tout à l'heure.

Nous avons à insister cependant sur quelques
difficultés provenant du concours du cessionnaire
soit avec un autre cessionnaire, soit avec des
créanciers opposants.

Nous avons dit que le cessionnaire qui a notifié
son transport n'a plus à craindre de se voir dépouillé du bénéfice de la cession par un autre cessionnaire. Cela est incontestable pour les cessions
successives de la totalité de la créance. Mais il est

permis de supposer que le cédant a transmis sa créance par fractions à plusieurs cessionnaires. Devra-t-on, dans ce cas, se rapporter à la date de la signification de chaque cession partielle pour établir les droits des cessionnaires?

Bien entendu, nous supposons que le débiteur est dans l'impossibilité de solder tout ce qu'il doit, autrement la solution du problème serait complétement indifférente.

Pour résoudre cette question, il faut rappeler ce que nous avons dit plus haut, à savoir que la cession de créance diffère essentiellement de la subrogation et qu'on ne saurait étendre à notre matière la disposition finale de l'art. 1252. Le créancier qui a transporté à un tiers une portion de sa créance a démembré cette créance, et le droit du cessionnaire est égal au sien, d'où nous devons conclure que, s'il est impossible de les payer tous deux intégralement, il faut les admettre à concourir au prorata de leur part respective. Ainsi pas de préférence du cédant sur son cessionnaire partiel (Grenoble, 15 janvier 1834; Sir., 35-2-45. — Amiens, 24 juillet 1841; Sir., 45-2-93.)

De son côté, le cessionnaire partiel ne saurait obtenir aucune préférence sur le cédant. On l'a cependant prétendu. « Le cédant, a-t-on dit, doit faire jouir le cessionnaire de la créance qu'il lui a vendue et dès lors il est manifeste qu'il doit lui céder la préférence. » (Troplong : *Privil. et hypoth.*, n° 362.) Cette argumentation est en contradiction formelle avec les art. 1603 et 1604. Nous verrons en effet que, sauf convention spéciale, le cédant garantit seulement l'existence de la créance cédée; accorder au cessionnaire la préférence sur le cédant, ce serait déclarer ce dernier garant de la solvabilité du débiteur.

Ces deux points établis, nous pouvons aborder la discussion de la question que nous avons posée : Y a-t-il lieu d'ouvrir un ordre ou une contribution entre plusieurs cessionnaires partiels d'une créance? Au point où nous en sommes, la question à vrai dire ne fait plus de doute. Si le cédant et le cessionnaire partiel sont entre eux sur un pied d'égalité parfaite, on ne voit pas comment il pourrait en être autrement entre différents cessionnaires partiels. Supposons qu'après avoir cédé la moitié de sa créance à Primus, le créancier cède l'autre moitié à Secundus. N'est-il pas évident que ce dernier, une fois les conditions de publicité accomplies, se trouve *erga omnes* substitué aux droits qui compétaient au cédant? Or, nous venons de voir que, les fonds manquant pour un paiement intégral, il aurait fallu ouvrir une contribution entre le cédant et Primus.

Le nombre des cessionnaires partiels et l'importance de la portion cédée à chacun d'eux sont sans influence sur ce raisonnement. Aussi pensons-nous que, sans s'occuper des dates respectives des significations successives, on doit admettre tous les cessionnaires à la distribution par contribution des sommes payées par le débiteur. (Civ. cass.. 4 août 1817, Sir., 17-1-373 ; Civ. cass., 20 mai 1866, Sir., 66-1-393.)

La notification du transport qui met le cessionnaire à l'abri des effets d'une autre cession de la même créance, le met aussi à l'abri des oppositions que les créanciers du cédant pourraient former sur la créance cédée. Ces oppositions seraient évidemment nulles, comme faites *super non domino*, puisque le transport notifié ou accepté fait passer, même au regard des tiers, la créance cédée du patrimoine du cédant dans celui du cessionnaire. Du reste, il n'y a aucune difficulté sur ce point et la proposition que nous venons d'émettre est universellement admise dans le cas où le cessionnaire se trouve en conflit seulement avec des saisissants postérieurs à la signification de son transport.

Mais il peut se faire que l'un des créanciers ait devancé le cessionnnaire et que celui-ci. lorsqu'il veut se saisir de la créance à l'égard des tiers, la trouve déjà frappée par une saisie-arrêt.

Procédons par hypothèses et prenons des chiffres.

Une personne s'est rendue cessionnaire d'une créance de 6000 francs, quand elle notifie la cession au débiteur, celui-ci lui apprend qu'un créancier du cédant a pratiqué entre ses mains une saisie-arrêt pour une somme que nous supposerons d'abord égale au montant de la créance. Alors se pose une première question. Quelle est au juste la position respective du cessionnaire qui notifie et du créancier qui a opéré la saisie-arrêt?

L'idée qui vient la première à l'esprit, c'est que la signification du transport arrive trop tard et, par conséquent, que le créancier sera payé de ses 6000 francs et que le cessionnaire n'obtiendra rien. Cette opinion a été soutenue (Villequez, *Revue historique*, 1862, VIII, p. 470 et suiv.). Nous ne pouvons l'admettre, parce qu'elle méconnaît l'effet que notre droit actuel a donné à la saisie-arrêt et l'étendue des droits du cessionnaire. Le législateur moderne n'a pas reconnu, en effet, le privilége que l'art. 178 de la Coutume de Paris accordait au premier saisissant, et aujourd'hui l'antériorité de poursuites n'engendre plus, au profit du créancier qui les a exercées, de droit de préférence sur ceux qui viennent ensuite. D'un autre côté, le cessionnaire, outre sa qualité de propriétaire, a encore celle de créancier du cédant, à raison de la garantie qui lui est due, il a donc le droit de pratiquer une saisie-arrêt, et sa notification tardive n'est pas autre chose à l'égard du créancier qui l'a devancé. Le créancier saisissant et le cessionnaire concourront donc sur le montant de la créance, et recevront chacun 3000 francs.

Cependant l'opposition, résultant ainsi d'une signification tardive, conserve les formes qui lui sont propres. et c'est avec raison que la Cour de cassation a décidé qu'elle n'avait pas besoin d'être validée suivant les règles tracées par les art. 563 et suivants du Code de procédure.

Dans le cas où la saisie-arrêt a précédé non-seulement la notification, mais la cession elle-même, nous donnons encore la même solution, les raisons de décider étant les mêmes. Une saisie-arrêt ne forme en effet par elle-même aucun obstacle à d'ultérieures oppositions, même pour des créances qui n'auraient pris naissance qu'après la saisie-arrêt.

. Nous avons supposé que la somme due au créancier saisissant était égale au montant de la créance saisie; il nous reste maintenant à parler du cas où elle est inférieure.

La créance cédée étant toujours de 6000 francs, la saisie-arrêt est pratiquée par un créancier à qui il n'est dû que 3000 francs. Comment va se régler le conflit entre le créancier saisissant et le cessionnaire qui n'a nctifié que depuis la saisie-arrêt ? Pour ceux qui n'admettent pas notre système, il n'y a aucune difficulté nouvelle ; mais dans notre opinion on peut concevoir deux manières d'opérer ce règlement.

Il s'agit de savoir en effet si cette saisie-arrêt faite pour une somme inférieure au montant de la créance rend la créance saisie indisponible pour le tout, ou seulement jusqu'à concurrence du montant de la somme due au saisissant.

Si l'on prend le premier parti, la signification postérieure à la saisie-arrêt n'opère attribution exclusive de la créance pour aucune part ; et par conséquent le créancier saisisissant et le cessionnaire concourent sur toute la créance proportionnellement à ce qui leur est dû ; dans notre espèce donc, le cessionnaire prendra 4000 francs et le créancier 2000. Si, au contraire, on s'arrête au second parti, la créance n'ayant été frappée que pour 3000 francs par la saisie ; le cessionnaire s'attribuera d'abord les 3000 francs qui n'ont pas été atteints, puis il viendra en concours avec le créancier sur les 3000 francs qui restent, et de cette façon le cessionnaire aura 4500 francs et le créancier 1500.

Nous pensons que c'est la première opinion qui doit être adoptée, et que, par conséquent, l'effet d'une saisie-arrêt est de rendre indisponible la créance saisie en totalité. C'est ce qui ressort de l'art. 557 Code de Pr., portant que tout créancier peut, en vertu de titres authentiques ou privés saisir-arrêter entre les mains d'un tiers les sommes et effets appartenant à son débiteur ou s'opposer à leur remise. Rien dans cette disposition ne limite l'effet de l'opposition à la valeur de la créance de l'opposant. De plus, il faut remarquer que cet article autorise le créancier à saisir-arrêter non-seulement les deniers dus à son débiteur, mais encore les objets mobiliers qui lui appartiennent. Or il est évident que l'opposition formée sur un corps certain ne peut pas avoir pour résultat de le rendre partiellement indisponible.

Il faut donc admettre qu'il en est de même pour la saisie-arrêt des créances, car il est clair que l'article s'applique de la même façon à toutes les espèces qu'il prévoit puisque, loin de distinguer, il les embrasse toutes dans la même rédaction. Les art. 1242 et 1298 C. civ. sont encore des applications du même principe.

Jusqu'ici nous n'avons mis en présence que Primus, le créancier saisissant, et Secundus, le cessionnaire. Mais on peut supposer que, après la signification, un autre créancier, Tertius, pratique une saisie-arrêt entre les mains du débiteur. Quel sera l'effet de cette saisie-arrêt postérieure à la signification?

Aucune question n'a soulevé plus d'embarras et de difficultés; sur aucun point de droit, croyons-nous, il ne s'est produit tant de divergences dans la doctrine et dans la jurisprudence. Les solutions proposées varient à l'infini. Nous nous bornerons à indiquer les trois systèmes principaux et à établir l'opinion qui nous paraît préférable.

Dans un premier système, on place sur la même ligne le cessionnaire et les saisissants antérieurs ou postérieurs à la signification du transport, en considérant le cessionnaire comme un simple opposant, tant à l'égard des seconds saisissants qu'à l'égard des premiers; et on répartit entre tous le montant de la créance au marc le franc de leurs prétentions respectives. Ainsi, dans notre espèce, Primus saisissant pour 3000 francs; Secundus,

le cessionnaire, étant considéré comme créancier
saisissant pour 6000 francs, et Tertiu: saisissant
pour 9000 francs, tous les trois venant au même
titre, chacun obtiendra le tiers de ce qui lui est
dû, soit, Primus 1000 francs, Secundus 2000
francs, et Tertius 3000 francs. (Paris, 14 janvier
1814, Sir., 14-2-95. Paris, 20 mars 1820, Sir.,
23-2-47. Voyez aussi cass. 8 juin 1852. Dal. 53-1-
169). Ce système repose sur l'idée que l'indisponibilité qui résulte de la saisie-arrêt est absolue
et peut être invoquée par tous les créanciers; c'est
la négation de la règle : « res inter alios acta, aliis
« nec nocet, nec prodest. » L'art. 1242, C. c. du
reste condamne ce système ; il porte en effet que
le paiement fait au préjudice d'une saisie-arrêt
n'est pas valable à l'égard des créanciers saisissants, mais ceux-là seulement sont admis à réclamer et non ceux qui n'ont pas pratiqué de saisie
ou qui l'ont pratiquée postérieurement au paiement. De même dans notre espèce Secundus sera
forcé d'admettre le concours de Primus qui avait
saisi la créance avant la signification de la cession, mais il repoussera la prétention de Tertius
qui a saisi la créance alors qu'elle n'était plus
dans le patrimoine de son débiteur.

En conséquence nous réglerons sans difficulté
dans notre hypothèse les droits de Secundus, le
cessionnaire : la notification a fixé sa situation, et
peu lui importent ces saisies-arrêts qui peuvent
frapper ensuite la créance. Il obtiendra ce qui de-

vait lui revenir quand il était en présence de Primus seul, c'est-à-dire 4000 francs, dans notre hypothèse, et Primus recevra 2000 francs.

Mais sur cette somme attiibuée à Primus ne faut-il pas admettre un concours entre Primus et Tertius ? La deuxième saisie, sans valeur à l'égard du cessionnaire, ne doit-elle pas produire un effet quant au premier saisissant ? La question est vivement controversée.

Pour bien voir la difficulté, il faut observer qu'entre deux créanciers saisissants successifs, le premier n'a aucune préférence sur les saisissants postérieurs. Cela posé, on comprend que Tertius demande à concourir avec Primus, en se fondant sur ce principe que l'antériorité de la saisie de Primus n'a pu lui conférer un droit de préférence sur la créance.

Ce système a été admis par un assez grand nombre d'auteurs et sanctionné par la jurisprudence. Il offre beaucoup de variétés dans l'application, parce qu'une fois le principe du concours admis, il faut en régler les conditions, ce qui prête à l'arbitraire et à la diversité des interprétations. Les uns disent que le premier saisissant étant obligé de concourir par contribution avec le second, sa part en sera diminuée, et ils en concluent très-arbitrairement qu'il a le droit de réclamer contre le cessionnaire la différence en moins entre la somme qu'il recevra en vertu de cette contribution et celle qu'il aurait obtenue si la contribution s'était faite proportionnellement entre tous les intéressés (Aub. et Rau, p. 426, note 44).

Les autres disent que ce recours du premier saisissant contre le cessionnaire est injuste, et ils ont raison ; car, à son égard, la seconde saisie doit être considérée comme non avenue, son droit de propriété, affermi par la notification, l'exige. Dans cette seconde opinion, les deux créanciers ne viennent pas par contribution, proportionnellement à leur créance ; le deuxième créancier sera réduit sur la part conservée par la saisie-arrêt à l'excédant de la somme que le premier saisissant aurait eue si l'on avait établi une contribution entre le cessionnaire considéré comme créancier, et tous les saisissants. (Col. de Sant., p. 191, n°ˢ 137 *bis*, XII-XVIII.)

Il nous est impossible d'admettre le principe du concours entre les deux créanciers; l'argument sur lequel on s'appuie ne nous semble pas fondé. On prétend, en effet, que la créance a été frappée par deux saisies-arrêts et que la première ne doit pas avoir de préférence sur la seconde. Or, d'après nous, la seconde partie seule de cette affirmation est fondée, non la première. Oui, il est incontestable et nous reconnaissons sans peine que l'antériorité de la saisie-arrêt ne confère aucun droit de préférence; mais cet argument n'est pas ici à sa place, parce que, selon nous, la créance n'a été valablement frappée que par une saisie-arrêt. La seconde n'a aucune valeur et a frappé dans le vide, ayant été pratiquée par une personne qui n'était pas créancière du propriétaire de la créance. Le propriétaire de la créance, en effet, depuis la notification, c'est, à l'égard des tiers comme entre les parties, le cessionnaire, et le créancier du cédant qui vient à ce moment pratiquer une opposition, fait un acte absolument nul et qui par conséquent ne peut produire aucun effet direct ou indirect. Nous avons établi déjà que la saisie-arrêt produisait une indisponibilité spéciale à celui qui l'a pratiquée; l'art. 1242 ne laisse aucun doute sur ce principe, la situation du second saisissant ne doit donc pas être modifiée par le fait qu'un autre créancier a saisi la créance avant la signification.

Notre solution est donc que les choses devront se passer comme si Tertius n'avait rien fait; Primus conservera ses 2000 francs et Secundus ses 4000, Tertius n'ayant acquis de droit ni à l'égard de l'un ni à l'égard de l'autre.

On fait deux objections à cette solution :

A. — Il est vrai que dans les rapports entre le cessionnaire et le second saisissant, la créance a changé de patrimoine; mais cela n'est plus exact dans les rapports entre les deux saisissants. Primus, dit-on, ne peut pas avoir deux façons d'apprécier le droit de Secundus : créancier opposant à son égard, et propriétaire à l'égard des autres; puisque, à son égard, la signification ne vaut que comme opposition; pourquoi, dans les rapports qu'il a avec Tertius, voudrait-il qu'il en fût autrement à l'égard de ce dernier?

La réponse est simple. Ce n'est pas Primus qui demande que, à son égard, Secundus soit considéré comme un opposant; c'est au contraire Secundus qui réclame cette qualité pour concourir avec Primus sur le montant de la créance. La distinction subtile qu'on propose ne saurait donc être admise, et il nous semble incontestable que Primus a le droit de considérer le cessionnaire comme le propriétaire de la créance puisqu'il l'est en effet.

B. — S'il est juste, dit-on, que la notification du transport faite trop tard ne nuise pas à Primus, il serait injuste qu'elle lui procurât un bénéfice. — Nous pourrions répondre que, juste ou non, si c'est la loi, il faut nous y conformer. Mais nous ne voyons pas où est l'injustice; nous trouvons là, une fois de plus, l'application de cette règle si juste : *jura vigilantibus subveniunt, non dormientibus.* Si l'on n'accepte pas ce principe, on devra, pour être logique, admettre le concours sur les deniers attribués à Primus, le créancier vigilant, non-seulement de Tertius, le créancier qui a fait son opposition trop tard, mais aussi de tous les créanciers qui n'ont même pas fait d'opposition : les raisons de décider sont les mêmes en effet.

SECTION III

DES CONSÉQUENCES DE L'ACCOMPLISSEMENT OU DE L'INACCOMPLISSEMENT
DE LA FORMALITÉ EXIGÉE PAR LA LOI DU 23 MARS 1855.

La cession non signifiée ni acceptée n'existe pas à l'égard des tiers, dit l'art. 1690, et comme il ne restreint pas le sens du mot « tiers » nous avons soutenu que cette expression comprenait tous les intéressés autres que les deux parties contractantes.

Il en est différemment pour la cession de la somme équivalente à trois années ou plus de fermages ou loyers non échus, qui n'a pas été transcrite comme l'exigeait la loi du 23 mars 1855 (art. 2, 5°). Les tiers qui ont le droit de se plaindre du défaut de transcription, l'art. 3 nous les indique, ce sont ceux qui ont des droits sur l'immeuble et qui les ont conservés en se conformant aux lois.

Ainsi, lorsque la cession a été notifiée, mais non transcrite, elle produit néanmoins tout son effet à l'égard du débiteur cédé, des cessionnaires postérieurs de la même créance, et des créanciers chirographaires du cédant. Au contraire, peuvent invoquer le défaut de transcription : les créanciers hypothécaires inscrits et l'acquéreur de l'immeuble dont les loyers ont été ainsi cédés par anticipation.

Mais quel sera l'effet du défaut de transcription ?

D'après un premier système les ayants-droit pourront faire considérer la cession comme nulle pour le tout. « L'acte, dit M. Troplong, ayant un caractère suspect pour le tout, ne saurait être maintenu pour partie sans une évidente contradiction. » (V. Troplong, *de la Transcription*, n° 209. — Riom, 11 décembre 1860, Sir. 62-2-415.)

Le point de vue auquel se place cette opinion nous paraît complétement inexact. Si le législateur de 1855 a cru devoir soumettre à la formalité de la transcription les cessions portant sur trois années, ou plus, de loyers ou fermages à échoir, ce n'est pas qu'il les ait considérées comme étant plus suspectes que celles qui ont été consenties pour une durée moindre, mais par la raison que de pareils actes affectant la valeur de la propriété d'une manière d'autant plus sensible qu'ils se rapportent à un plus long espace de temps, il devenait nécessaire de les porter à la connaissance du public, lorsque l'effet doit s'en prolonger au-delà d'un certain terme (Rapport de M. Debelleyme. Sir., *Lois annotées*, 1855, p. 27, n° 3). Ajoutons que la solution que nous proposons, la loi la donne expressément dans un cas analogue : l'art. 3, *in fine*, porte, en effet, que les baux d'une durée supérieure à 18 années, qui n'ont pas été transcrits, seront réduits à ce terme. Nous pensons qu'il est juste et conforme aux intentions du législateur d'étendre cette règle à notre hypothèse et de dire, par conséquent, que les cessions de loyers pour un temps supérieur à 3 années, si elles n'ont pas été transcrites, ne seront opposables aux tiers que pour moins de 3 ans (Aub. et Rau, § 286, note 25, t. III. — Flandin, *de la Transcription*. t. II, n° 1279 et 1280).

SECTION IV

DES DROITS ET AVANTAGES QUI PASSENT AU CESSIONNAIRE ET DES EXCEPTIONS QUI PEUVENT LUI ÊTRE OPPOSÉES

Les effets d'un transport de créance se ramènent à cette idée que le cessionnaire devient créancier au lieu et place du cédant. En conséquence, le cessionnaire aura tous les droits et seulement les droits qu'avait le cédant.

Voilà le principe, étudions-en maintenant les applications.

Nous trouvons d'abord la disposition de l'article 1692, application du principe posé par l'article 1615, qui confirme et développe la règle que nous venons d'établir.

« La vente ou cession d'une créance, porte cet article, comprend les accessoires de la créance, tels que caution, privilége et hypothèque. »

On s'est demandé cependant s'il devrait en être ainsi lorsque la créance constatée par un billet à ordre a été transmise par simple endossement, sans signification de la cession. Comme nous ne voyons pas de raison sérieuse de douter, ni dans le texte de la loi, ni dans les règles fondamentales du régime hypothécaire, nous ne pensons pas qu'on doive faire, pour ce cas, une exception à l'art. 1692 (En ce sens, Duvergier, t. I, n° 212. — Troplong, t. II, n° 906. — Req. rej., 15 mars 1825, Sir. 26-1-61.— Req. rej., 10 août 1831. — Sir. 31-1-371).

Outre les garanties indiquées par l'art. 1692, le cessionnaire peut se prévaloir de tous les moyens, de toutes les facilités qu'avait le cédant d'arriver à l'exécution de l'obligation.

Si le créancier avait obtenu un titre exécutoire contre le débiteur, ce titre pourra être invoqué par le cessionnaire, pourvu qu'il ait signifié la cession (art. 2214).

La contrainte par corps, dans les cas où elle a été maintenue (articles 1, 4 et 5 de la loi du 22 juillet 1867), peut être exercée à la requête du cessionnaire, comme elle l'eût été à la requête du cédant.

L'action en résolution pour cause d'inexécution du contrat (art. 1184 et 1654) passe-t-elle aussi de plein droit au cessionnaire? Nous le pensons, ce n'est pas en effet un droit distinct de la créance, mais bien plutôt un moyen de sanction de la créance du vendeur qui veut se procurer l'équivalent de ce qui lui est dû (Poitiers, 13 mai 1846; Sir., 47-2-416; Civ. rej., 15 juin 1864, Sir., 64-1-497).

Le motif que nous venons de donner fait au contraire défaut en ce qui concerne les actions en nullité ou en rescision que le cédant aurait pu intenter. Il est impossible de considérer ces actions comme des accessoires de la créance; aussi doit-on déclarer non recevable le cessionnaire qui voudrait les intenter contre le cédé. Invoquer les vices du contrat qui a donné naissance à la créance pour faire annuler le contrat, ou réclamer la restitution d'un immeuble vendu en prouvant que le vendeur a subi une lésion de plus des 7/12, ce n'est plus faire valoir la créance, c'est user de droits absolument distincts de cette créance. Peut-être le cédant a-t-il des raisons particulières pour ne pas exciper de ces moyens, et considère-t-il son honneur comme engagé au respect du contrat annulable ou rescindable à son profit.

Bien entendu nous supposons toujours que le contrat de cession est muet sur la question et tout ce que nous soutenons, c'est que l'exercice de ces actions n'est pas une conséquence directe de la cession comme l'usage des sûretés garantissant la créance. Mais une clause formelle peut évidemment conférer ces droits au cessionnaire, et même, à défaut d'une clause formelle, l'interprétation de l'acte et de la commune intention des parties appartient aux juges de fait dont la décision sur ce point est souveraine. (Req. rej., 22 juin 1830, Sir. 30-1-409.)

Ce que nous venons de dire des actions en nullité ou en rescision s'applique aux actions en résolution, autres que celle qui naît de l'inexécution du contrat. Le droit qui résulte d'un pacte de

réméré, par exemple, n'est pas un accessoire de
la créance du prix de vente.

La disposition de l'art. 1692 s'applique aux intérêts de la créance cédée. Le droit de réclamer les
intérêts est certainement un accessoire du droit
au capital. Aussi point de difficulté pour les intérêts qui commencent à courir à partir de la cession ; en l'absence de toute clause dans le contrat,
ils appartiennent incontestablement au cessionnaire. Mais il y a doute, au contraire, pour ceux
qui étaient échus auparavant, mais non encore
payés. Notre solution est qu'il faudra surtout
s'attacher à rechercher quelle a été l'intention
des parties; sans doute, il est présumable, comme
le dit M. Duvergier, que l'intention commune des
parties a été de comprendre les intérêts dans la
cession, mais encore faudra-t-il appuyer cette
présomption, qui n'est point présomption légale,
sur un indice quelconque. Autrement si, en l'absence de toute indication de fait, c'est aux principes du droit qu'on demande la solution, elle ne
nous paraît pas douteuse. L'art. 547 C. c. porte en
effet que les fruits appartiennent au propriétaire
par voie d'accession ; et c'est ce principe qui nous
a fait accorder au cessionnaire sans hésitation la
jouissance des intérêts postérieurs à la cession.
Mais il faut, pour être juste, reconnaître qu'il en
est de même pour le cédant et que jusqu'à la cession il a acquis les intérêts de la créance. Alors
se pose la question de savoir si ces intérêts sont

compris dans la cession de la créance. Nous ne le pensons pas. Une fois échus, les fruits civils entrent dans le domaine du propriétaire et cessent d'être une dépendance du capital qui les a produits (art. 586, C. c.). Lors donc que le cédant vend sa créance, il a deux droits bien distincts : le droit au capital et le droit aux intérêts échus. Si donc aucune présomption de fait n'induit à croire qu'il a compris les intérêts échus dans la cession du capital, on sera forcé d'admettre qu'ils sont restés en dehors de la cession et par conséquent dans le domaine du cédant. (Laurent, n° 533. *Contra* : Dalloz, *Rép. alph., Vente,* n° 1715 et 1828.)

Si tous les droits du cédant relatifs à la créance passent au cessionnaire, comme nous venons de le voir ; il ne faut pas oublier que réciproquement le cessionnaire n'a pas plus de droits que le cédant contre le débiteur. Il ne serait pas admissible qu'un créancier pût empirer la position de son débiteur au moyen d'une cession.

De là des conséquences importantes.

Toutes les causes qui pouvaient anéantir ou modifier l'obligation du débiteur lorsqu'elle était entre les mains du cédant, seront également opposables au cessionnaire. Malgré la cession, la créance conserve le caractère qu'elle avait auparavant, et par conséquent les vices dont elle était infectée. C'est ce qu'on exprime en disant que le cédé peut opposer au cessionnaire toutes les exceptions qu'il eût pu invoquer contre le cédant.

La violence, l'erreur fournissent évidemment au débiteur un moyen de défense aussi efficace contre le cessionnaire que contre le cédant.

De même pour le dol, quel que soit d'ailleurs le parti que l'on prenne sur la question de savoir si le dol engendre une nullité absolue ou simplement relative; la cession ne doit pas en effet aggraver la situation du débiteur (Civ. rej., 8 août 1847. Sir., 47-1-705. — Civ. cass., 2 mai 1853. Sir., 53-1-411. — Req. rej., 19 juillet 1869. Sir., 69-1-370).

Toujours en vertu de la même idée, nous déclarerons le cédé recevable à se prévaloir même contre le cessionnaire de la nullité résultant du caractère illicite du contrat. Cette règle reçoit une application à propos des contre-lettres destinées à porter le prix de cession d'un office ministériel à une somme supérieure à celle que fixe le traité soumis à l'approbation de la chambre de discipline et de la chancellerie. Ces contre-lettres sont nulles et destituées de tout effet, même entre les parties (Cass., 26 déc. 1848. Sir., 49-1-30). Si donc la créance résultant de la vente de l'office a été cédée, le débiteur pourra invoquer la nullité de la contre-lettre, même contre le cessionnaire, et il se libérera complétement en payant seulement le prix indiqué dans le traité ostensible. Il s'est formé dans ce sens une jurisprudence constante (Req. rej., 7 mars 1842. Sir., 42-1-196).

Le débiteur cédé n'a pas de réserves à faire lorsqu'il reçoit la notification de la cession; elles sont

inutiles pour lui réserver les droits qui lui com-
pètent; et d'un autre côté elles seraient impuis-
santes à lui créer des droits contraires aux prescriptions formelles de la loi.

Il nous reste à examiner le cas où le débiteur a
payé entre les mains du cessionnaire, mais dans
des conditions telles qu'il aurait contre le cédant
une *condictio indebiti*. Pourra-t-il invoquer l'inexistence de la dette pour obtenir du cessionnaire
la restitution de la somme indûment versée? La
négative a été soutenue par M. Héan dans un article de la *Revue pratique* (t. XIV, ann. 1862,
p. 398) : « Qu'est-ce qu'un cessionnaire? dit-il.
C'est le représentant du cédant, un mandataire
irrévocable, comme l'enseignent Pothier, Rousseaud de Lacombe, etc. Celui qui a transporté la
créance en reste toujours le titulaire, et son cessionnaire n'obtient qu'une action utile pour s'en
appliquer le résultat. » Ce principe posé, M. Héan
arrive facilement à conclure que le cessionnaire,
ayant agi au nom du cédant, n'est pas soumis à
l'action en répétition, c'est le créancier originaire
seul, le mandant dans l'espèce, qui est obligé à la
restitution de l'indû.

Nous ne pouvons admettre le principe de ce
système; pour nous, en effet, le cessionnaire n'est
pas un mandataire, mais bien un véritable propriétaire de la créance et par conséquent il est
substitué au cédant pour tous les droits et obligations résultant de la créance. (Paris, 5 février

1848, Sir., 48-2-155. *Contrà* : Colmar, 21 juillet 1812, Sir., 13-2-241).

La règle que nous avons posée au commencement de cette section et que nous venons de rappeler en disant que les droits et les obligations du cessionnaire étaient les mêmes que ceux du cédant, n'est pas absolue. Elle détermine l'effet général et ordinaire du transport, mais : 1° elle est insuffisante en ce qu'elle ne donne pas une idée complète des rapports qui s'établissent entre le cédé et le cessionnaire ; 2° elle ne constitue qu'une règle de droit commun à laquelle bien des modifications peuvent être apportées par des conventions particulières.

Il est certain d'abord que le cédé peut invoquer contre ce cessionnaire des exceptions nées *ex ejus persona*, si bien que la situation du débiteur peut être améliorée par la cession. C'est ainsi que le cédé pourrait opposer en compensation au cessionnaire une créance qu'il aurait contre lui.

Ensuite il n'est pas douteux que le cédant ne puisse limiter l'effet du transport et ne transmettre que partie de ses droits au cessionnaire.

En sens inverse, il est loisible au débiteur cédé de renoncer, au profit du cessionnaire, aux droits qu'il pouvait opposer au cédant. Il est même un cas où la loi présume cette renonciation.

« Le débiteur qui a accepté purement et simplement la cession qu'un créancier a faite de ces droits à un tiers, ne peut plus opposer au cessionnaire la compensation qu'il eût pu, avant l'acceptation, opposer au cédant (art. 1295). »

Nous avons dit qu'il y avait là une renonciation présumée. Tirons-en deux conséquences : 1° cette présomption ne recevra application qu'au cas où le cédé aura connu la cause de compensation. Autrement en effet son acceptation ne saurait impliquer l'idée d'une renonciation. — 2° De ce que c'est une présomption de renonciation, il résulte encore qu'on ne peut l'étendre aux exceptions, autres que la compensation, que le débiteur aurait contre le cédant (Aub. et Rau, p. 440, note 53).

L'opinion contraire a été soutenue cependant, elle s'appuie sur cette raison que l'acceptation étant une reconnaissance de la dette, le débiteur ne peut plus opposer au cessionnaire les exceptions qu'il eût pu opposer au cédant. (Colm. de Santerre, p. 184, n° 136 *bis*. VII.) Cette interprétation de l'acceptation ne nous paraît pas acceptable. En principe les effets de la signification sont les mêmes que ceux de l'acceptation ; cela résulte de l'art. 1690 qui met sur le même pied les deux formalités. Aussi pour nous la disposition de l'article 1295 est exceptionnelle et par conséquent non susceptible d'être étendue.

Il en serait autrement si le cédé ne se bornait pas à accepter purement et simplement la cession et qu'il contractât un engagement direct envers le cessionnaire ; il y aurait alors novation, et il serait évidemment déchu de tous les droits qu'il avait contre le cédant. (Civ. rej., 10 avril 1854. Sir., 56-1-160.) Cela ne souffre aucune difficulté ; mais en pratique, une grande attention est nécessaire pour ne pas commettre d'erreur sur ce point et ne pas attribuer plus d'importance qu'il ne convient à de simples clauses de style. « La novation ne se présume point ; il faut que la volonté de l'opérer résulte clairement de l'acte » (art. 1273).

Il est bon de rappeler aussi que, pour servir de base à une novation, une obligation doit être valable en droit : autrement la nouvelle obligation créée en remplacement de l'ancienne manquerait de cause, partant serait nulle. Donc, si la créance était telle que le cédé eût eu contre le créancier primitif une action en répétition du paiement effectué entre ses mains, il sera également recevable, malgré le nouvel engagement contracté en même temps qu'il acceptait la cession, à répéter tout ce qu'il aurait remis au cessionnaire pour obtenir sa libération.

Les qualités, soit du créancier originaire, soit du cessionnaire, qui leur sont propres, peuvent aussi amener des changements dans la situation du débiteur cédé.

Cette idée reçoit une application à la caution *judicatum solvi*. Si le cessionnaire est étranger, le cédant étant Français, les règles restrictives de l'article 16, C. civil, seront applicables et placeront le cessionnaire dans une situation inférieure à celle du cédant. Le débiteur cédé sera en droit d'opposer au nouveau créancier l'exception de la caution *judicatum solvi.*

La réciproque est vraie; si donc la cession est consentie à un étranger par un Français; ce dernier poursuivra le débiteur, sans que ses prétentions puissent être repoussées au moyen de l'exception tirée de l'art. 16.

Une modification analogue des rapports du créancier et du débiteur peut se produire en ce qui touche la prescription. Le créancier originaire était-il mineur tandis que le cessionnaire est majeur? La prescription qui ne courait pas contre le premier, courra contre le second. La réciproque est également vraie. (Mourlon. T. III, n° 676.)

Nous avons vu que le cessionnaire d'une créance à raison de laquelle la contrainte par corps peut être exercée est libre d'user de ce moyen de coercition. Ajoutons que, pour appliquer l'art. 25 de la loi du 22 juillet 1867 qui prohibe l'emploi de cette mesure de rigueur par un créancier contre ses proches parents et alliés, il faut tenir compte seulement des liens de parenté ou d'alliance qui peuvent exister entre le cessionnaire et le cédé, sans accorder aucun effet à ceux qui unissent le cédant au cédé. C'est qu'en effet le législateur ne décide pas que la contrainte par corps est supprimée toutes les fois que la dette a pris naissance au profit d'un proche parent ou allié du débiteur ou qu'elle a passé par ses mains, il se borne à interdire à ce parent, créancier originaire ou dé-

tenteur actuel de la créance. l'exercice d'une mesure de rigueur, qui de sa part serait immorale et
impie. En un mot les relations de parenté paraly-
sent le droit en question plutôt qu'elles ne l'étei-
gnent. Aussi ce droit reprend-il toute sa vigueur
entre les mains d'un cessionnaire contre lequel le
même obstacle ne s'élève pas.

Terminons enfin en constatant que les règles
que nous venons de poser ne s'appliquent qu'à la
cession du droit civil. Il en est tout autrement en
ce qui concerne la cession par voie d'endossement
ou de simple tradition nouvelle : les obligations
contractées sous forme de billets à ordre ou au
porteur, se transmettent sans que le débiteur
puisse jamais invoquer contre le tiers porteur qui
en réclame l'exécution d'autres exceptions que
celles qui résultent d'un vice du titre même ou
d'une cause personnelle au demandeur. On ne
doit tenir aucun compte des droits que le sous-
cripteur aurait pu opposer au créancier originaire, ni aux créanciers intermédiaires, à moins
qu'une mention spéciale n'ait modifié le titre,
comme si un paiement partiel avait été émargé
sur le billet.

CHAPITRE IV

OBLIGATIONS DU CÉDANT ET DU CESSIONNAIRE

SECTION PREMIÈRE

OBLIGATIONS DU CÉDANT

Les obligations qui incombent au cédant d'une créance sont les mêmes que celles du vendeur d'une chose quelconque : outre celle contenue dans l'art. 1602 qui lui prescrit d'expliquer clairement ce à quoi il s'oblige, et donne de cette prescription la sanction que tout pacte obscur et ambigu s'interprète contre lui, le cédant, comme le vendeur, est tenu de deux obligations principales : 1° délivrance ; 2° garantie.

§ 1

De la délivrance.

Nous savons comment s'opère la transmission du droit cédé, et entre les parties et à l'égard des tiers; de même que, dans la vente d'un objet quelconque, la délivrance n'entre pour rien dans cet effet de la cession ; elle n'est, ici comme partout, que l'accomplissement de la première obligation du vendeur et n'a d'autre résultat que de mettre l'acquéreur en état d'user du droit qui lui a été cédé.

Comment se fait la délivrance de la créance cédée ? Par la remise du titre, répondent les articles 1607 et 1689. On a prétendu qu'en répétant ainsi, dans l'art. 1689 ce qu'il avait dit dans l'art. 1607, le législateur avait attaché une importance particulière à la remise du titre, et qu'il en avait fait une condition nécessaire à la transmission du droit (Cass., 20 fructidor an X ; Rejet, 3 février 1829. Voir Dalloz au mot *Vente*, nᵒˢ 284 et 1724). Cette opinion a été repoussée avec raison : il ne faut pas faire dire à la loi ce qu'elle ne dit pas ; l'art. 1689 traite uniquement de la délivrance ; or, dans la théorie du Code, la délivrance n'a rien de commun avec la translation de propriété, laquelle se fait par le seul concours des volontés ; la délivrance n'est plus que l'exécution du contrat par la mise en possession de l'acheteur. (V. Colmet de Santerre, t. VII, nᵒ 135. — Laurent, t. XXIV, nᵒ 474. — Civ. rej., 29 août 1849. Sir. 50-1-193.)

§ II

De la garantie.

Comme tout vendeur, celui qui cède une créance moyennant un prix déterminé en argent doit garantie au cessionnaire, son acheteur. Toutefois, l'étendue et les conséquences de cette obligation ne sont pas tout à fait les mêmes qu'en matière de vente d'objets corporels : elles sont définies en ce qui concerne spécialement la cession par les art. 1693, 1694 et 1695.

On distingue deux sortes de garantie :

1° La garantie de droit, qui résulte de plein droit de la cession, qui est de la nature de cette espèce de vente.

2° La garantie de fait, c'est-à-dire celle qui n'a lieu qu'en vertu d'une convention spéciale des parties, qui est purement accidentelle.

Il faut examiner successivement ces deux sortes de garantie.

I. — *De la garantie de droit.*

Le principe nous est donné par l'art. 1693 : « Celui qui vend une créance ou autre droit incorporel, doit en garantir l'existence au temps du transport, quoiqu'il soit fait sans garantie. » La tradition et le simple bon sens nous indiquent que garantir l'existence de la créance, cela comprend pour le cédant la double obligation de garantir : d'abord que la créance existe ; ensuite qu'il en est propriétaire. Ce point qui ne fait pas de difficulté aujourd'hui, a été nettement établi par Loyseau (*De la garantie des rentes*, chap. III, n°s 1 et 2), et par Pothier (*Des obligations*, n° 559).

Le vendeur doit donc garantir d'abord que la créance existe. Si la créance n'a jamais existé parce que l'une des conditions requises pour l'existence du contrat faisait défaut, le cédant a vendu le néant, il n'y a pas d'objet ; il est tenu de la garantie. Même solution si la créance a existé, mais est éteinte au moment du transport. Peu importe dans ce cas que le titre constatant la créance subsiste encore au moment de la cession ; le titre, en effet, ne sert que de preuve, et la preuve est vaine quand le droit est éteint.

Nous considérons encore comme inexistante la créance qui est annulée postérieurement au transport en vertu d'une cause antérieure à ce transport. Cela n'est pas douteux si l'on se place après que le droit a été annulé ou rescindé ; car la créance est alors anéantie comme si elle n'avait jamais existé. (Req. rej., 19 févr. 1881 ; Sir., 62-1-504.) Mais ne peut-on agir avant que l'annulation ait été prononcée? M. Laurent (n° 542) le pense et il appuie son opinion sur un argument d'analogie tiré de l'art. 1653 aux termes duquel l'acheteur qui a juste sujet de craindre d'être troublé peut suspendre le paiement du prix jusqu'à ce que le vendeur ait fait cesser le trouble, si mieux n'aime celui-ci donner caution. Nous pensons, nous aussi, que l'art. 1653 doit être appliqué à notre matière, mais tel qu'il est et avec la solution qu'il donne, et il nous semble impossible d'y découvrir le fondement d'une garantie pour le cessionnaire d'une créance annulable quand personne ne soutient qu'en pareil cas l'acquéreur d'une chose corporelle dont la propriété est sujette à rescision ait le droit d'actionner son vendeur en garantie alors que la rescision n'a pas encore été prononcée. C'est M. Laurent lui-même qui a écrit ces lignes (n° 325) : « En quoi consiste le droit de l'acheteur? L'art. 1653 le dit : Il peut cesser le paiement du prix jusqu'à ce que le vendeur ait fait cesser le trouble... *L'acheteur n'a donc pas le droit de demander la résolution de la vente, ni la nullité.* »

M. Colmet de Santerre que M. Laurent semble invoquer à tort à l'appui de son opinion est, au contraire, en notre faveur, et il pose ainsi le principe : « Un droit rescindable existe tant que ceux qui peuvent demander la rescision ne la demandent pas, et l'acheteur du droit ne fait pas partie des personnes auxquelles appartient le droit d'invoquer une nullité de cette nature. »

Nous avons dit qu'il fallait assimiler à la créance inexistante celle qui, quoique existant réellement au moment du transport, est plus tard annulée en vertu d'une cause antérieure au transport. Mais des difficultés peuvent s'élever sur la question de savoir si la cause est antérieure ou non ; il devient donc nécessaire de bien établir ce qu'il faut entendre par cause antérieure. Nous pensons que c'est la cause qui, au moment de la cession, a complétement détruit la créance ou l'a vouée à une perte ultérieure, mais irrémédiable. Par exemple, avant le transport, le débiteur s'était libéré entre les mains du cédant, ou bien la créance n'a jamais existé, ou enfin elle était annulable et la nullité en est plus tard prononcée.

On comprend dans tous ces cas la responsabilité du cessionnaire.

Il en serait autrement si l'extinction de la créance résultait d'une prescription accomplie seulement depuis la cession, bien qu'elle eût commencé à courir auparavant. Cette prescription accomplie n'oblige pas le cédant à la garantie ; car une prescription commencée ne constitue aucun droit acquis. Dès la cession, le cessionnaire pouvait interrompre cette prescription et empêcher la perte de la créance. On peut donc dire : en droit, que l'éviction *résulte d'une cause postérieure à la cession* ; en fait, qu'elle est imputable au cessionnaire, dont l'incurie a permis qu'elle s'accomplît (Bourges, 4 février 1823. Sir. 23-2-303. — *Contrà :* Bordeaux, 4 février 1831. Sir. 31-2-138).

Cependant, si la prescription était sur le point de s'accomplir, au moment du transport, et si le cessionnaire n'avait pas eu le temps nécessaire pour l'interrompre, on devrait admettre son recours en garantie (Aub. et Rau, § 355, p. 375. *Contrà :* Laurent, n° 222).

En conséquence des règles ci-dessus posées, nous accorderions le recours en garantie au cessionnaire dans l'espèce suivante :

Le vendeur d'un immeuble a transporté à un tiers toute la portion du prix de vente excédant les droits de tels et tels créanciers hypothécaires inscrits sur cet immeuble ; puis à l'ordre se présente un autre créancier hypothécaire non désigné par le cédant. Le prélèvement que ce créancier opère, en vertu de son droit de préférence, peut être considéré comme une éviction totale ou partielle du cessionnaire (Duvergier, *de la Vente*, t. II, n° 257).

Le cédant garantit donc que la créance existe et qu'elle n'est entachée d'aucun vice; il garantit encore, comme nous l'avons établi en commençant, qu'elle lui appartient. Celui qui vend une créance appartenant à un tiers, vend la chose d'autrui ; cette vente est nulle et elle soumet le vendeur à la garantie envers l'acheteur (art. 1599). On applique dans ce cas les principes généraux de la vente. Le cessionnaire a action, quand il est évincé par le véritable propriétaire, mais il n'est pas tenu d'attendre l'éviction, il peut agir immédiatement en nullité, en vertu de l'art. 1599.

L'obligation la plus naturelle du garant, c'est qu'il ne peut pas lui-même évincer le cessionnaire à qui il doit garantie. Cela a cependant été contesté devant la Cour de cassation. Le mari d'une femme dotale cède les droits dotaux de celle-ci en se portant fort de la cession. L'enfant, héritier de sa mère au préjudice et sans le concours de laquelle la cession avait eu lieu, en demande la nullité. La nullité était évidente, mais l'enfant était aussi héritier de son père, et comme tel il accédait à l'obligation de garantie contractée par le cédant. Dans l'espèce le cessionnaire n'était pas de bonne foi, mais tout ce qui en résultait, c'est qu'il n'avait pas droit à des dommages et intérêts (art. 1599). Le vendeur n'en avait pas moins vendu la chose d'autrui, et il était garant de ce chef (Rejet, 2 janv. 1838, Dalloz, au mot : *Vente*, n° 1873).

La vente d'une créance, d'après l'art. 1692, comprend les accessoires de la créance, tels que caution, privilége, hypothèque. Le vendeur devant garantie de tout ce qui est compris dans la vente, l'obligation de garantie s'étend à ces accessoires. Mais faut-il pour cela que ces accessoires soient indiqués dans l'acte de vente ? La loi n'en dit rien, mais l'affirmative nous semble incontestable. Comme nous l'avons déjà fait remarquer en droit romain, on se trouve en présence d'un dilemme : ou l'accessoire n'existait pas et alors on ne peut pas dire qu'il a suivi le droit principal; ou il existait, et alors la garantie de droit ne saurait être invoquée puisqu'elle ne porte que sur l'existence.

Le cédant garantit l'existence des accessoires comme il garantit celle de la créance, mais il ne répond pas de leur efficacité : ainsi, garant de l'existence du cautionnement, il ne l'est pas de la solvabilité de la caution, pas plus qu'il ne l'est de celle du débiteur principal. Aucun doute sur ce point. Mais que faut-il décider si l'accessoire est inefficace en vertu de la loi et au moment même du transport ? L'espèce s'est présentée devant les tribunaux : il y a eu cession d'un prix de vente d'effets mobiliers; le débiteur tombe en faillite; le vendeur ne peut pas exercer son privilége contre la masse (art. 550. C. com.); le cédant est-il garant de l'inefficacité légale du privilége?

Non, dit-on dans une première opinion, le cédant doit seulement garantir l'existence du privilége et sa validité; or dans l'espèce le privilége existait et il était valable; c'est à cause de la faillite du débiteur qu'il est devenu inefficace, par conséquent à raison de son insolvabilité; or le cédant ne garantit pas la solvabilité du débiteur (Bourges, 14 août 1855; Dalloz, 1856-2-100).

Nous ne pensons pas que cette opinion doive être admise, et nous nous appuyons pour la repousser sur l'art. 550 Com. aux termes duquel le privilége du vendeur d'effets mobiliers n'est pas admis en cas de faillite du débiteur et nous croyons, avec la Cour de cassation, « qu'un privilége dont tous les effets utiles ont péri doit être considéré comme ayant cessé d'exister. » Ainsi, au moment du transport, le privilége était plus qu'inefficace, il était éteint, et, ce qui nous paraît décisif, il était éteint en vertu de la loi et non en vertu de l'insolvabilité du débiteur; dans la plupart des cas, en effet, le débiteur, insolvable à l'égard des créanciers chirographaires, aura de quoi payer les créanciers privilégiés (Civ. cass., 10 fév. 1857; Sir., 57-1-602; Orléans, 23 juillet 1857; Sir., 60-1-750.)

Après nous être demandé dans quels cas il y aura lieu à garantie, recherchons quels seront les effets de la garantie.

Appliquant les règles générales de la vente (art. 1690), nous voyons que le cessionnaire pourra demander :

1° La restitution du prix ;

2° La restitution des intérêts, lorsqu'il les a reçus et qu'il est obligé de les rendre, et dans le cas contraire, les intérêts du prix de la cession (Req. rej., 20 juillet 1858. Sir., 60-1-750);

3° Les frais occasionnés par les poursuites dirigées en vain contre le cédé et par l'exercice de l'action en garantie;

4° Les frais et loyaux coûts du contrat de cession ;

5° Des dommages et intérêts pour réparation du préjudice causé, s'il y a lieu.

Une difficulté s'élève touchant l'évaluation de ces dommages et intérêts. En droit commun (articles 1630, 1633) le vendeur doit tenir compte à l'acheteur, non-seulement de la perte que lui fait éprouver l'éviction, mais encore du gain qu'elle l'empêche de réaliser. Ainsi le vendeur d'un bien corporel, meuble ou immeuble, est tenu de payer à l'acheteur ce que vaut la chose vendue au moment de l'éviction, même au-dessus du prix de la vente (art. 1633). Doit-on admettre ce principe pour la garantie due en matière de cession de créance; et doit-on décider que, outre la restitution du prix, le cessionnaire pourra exiger la différence entre le prix et la valeur nominale de la créance?

La jurisprudence et la majorité des auteurs ne

sont pas de cet avis (V. Aubry et Rau, § 359 *bis*, n° 8 et les autorités indiquées à la note 63). En effet on ne peut soutenir que les termes de l'article 1633 : « Si la chose vendue se trouve avoir augmenté de prix à l'époque de l'éviction... » sont bien en rapport avec notre hypothèse ; et, ce qui corrobore l'opinion d'après laquelle cet article ne s'appliquerait pas à la cession des créances, c'est qu'un article spécial à cette matière, l'art. 1694, pour un cas analogue à celui qui nous occupe, donne la solution inverse et porte que le cessionnaire n'aura droit qu'à la restitution du prix. La raison en est que la loi ne voit pas avec faveur les acheteurs de créance, qui, en général, ont moins besoin de sa protection que ceux avec lesquels ils traitent.

Cependant l'opinion contraire est soutenue dans deux ouvrages parus récemment (Colmet de Santerre, 139 *bis*, V. — Laurent, n° 549). Il faut bien se garder, dit-on, d'étendre la solution de l'article 1694 à l'art. 1693 ; la situation est bien différente en effet. Lorsque le cédant garantit la solvabilité du débiteur, son intention ne peut pas être de garantir cette solvabilité pour le montant nominal de la créance ; ce serait un acte de folie ou une usure : en effet, si le débiteur est solvable, le propriétaire d'une créance de 2000 francs ne la vendra pas pour 1500 à moins qu'il n'ait besoin d'argent et ne doive subir les conditions d'un usurier.

Il faut l'avouer, la situation n'est pas identique-
ment la même; cependant, l'art. 1693 peut être
employé, lui aussi, à déguiser des conventions
usuraires, si on admet l'opinion que nous combattons; il y a donc là aussi un danger à prévenir.
En outre, nous avons constaté que l'art. 1633 ne
pouvait s'appliquer à notre espèce que par un argument d'analogie. Or, puisque nous n'avons pas
de décision spéciale à notre espèce, il nous semble
plus naturel de la demander aux articles qui ré-
gissent la matière et de voir dans l'art. 1694 une
règle générale établissant ce que le législateur entend par la garantie due par le cédant d'une
créance. Cette opinion qui nous paraît la plus conforme aux idées du législateur, a l'avantage d'être
en outre la plus équitable et nous pouvons ajouter
la seule pratique. L'opinion contraire soumet en
effet le cédant à un recours imprévu qui, dans
certains cas, serait pour lui une véritable ruine et
pour les cessionnaires un bénéfice exagéré et
sans cause légitime. En outre, elle se heurte à une
impossibilité de fait. La bonification de la différence n'est due que si le prétendu débiteur était
solvable, mais comment constater sa solvabilité?
Il faudrait pour cela discuter ses biens, et le
cessionnaire n'a aucun droit contre lui.

Nous avons jusqu'à présent supposé une éviction totale; il nous reste à dire un mot de ce qui
arrivera si elle n'est que partielle?

Tout d'abord il semble bien que, dans cette

hypothèse, le cessionnaire pourra invoquer, suivant les cas, soit le second alinéa de l'art. 1601, soit l'art. 1638 pour abandonner la cession ou la maintenir pour une partie correspondante à la portion de créance effectivement transmise.

Cette option résulte au profit du cessionnaire des principes généraux que nous avons pour règle d'appliquer à la cession, toutes les fois qu'il n'y a pas de texte contraire spécial à la matière.

Si le cessionnaire prend le parti de faire résilier la cession, il restituera au cédant ce qui reste de la créance et agira en garantie comme si l'éviction avait été totale.

S'il veut au contraire conserver les droits que la cession lui a conférés sur une partie de la créance, il devra laisser au cédant une portion proportionnelle du prix payé.

Paul cède une créance de 1200 francs à Pierre moyennant un prix de 1000 francs. Mais cette créance était, au moment du transport, réduite à 600 francs par suite d'une compensation, par exemple ; il est permis à Pierre de conserver ses droits à cette moitié de la créance cédée, seulement il ne pourra répéter de Paul que la moitié de son prix d'acquisition, soit 500 francs. Cette solution, il est vrai, est contraire à la disposition de l'art. 1637, mais nous avons admis que pour l'évaluation du quantum des dommages et intérêts, comme nous avions une disposition spéciale,

l'art. 1694, nous ne devions pas appliquer les règles du droit commun.

Le cédant doit garantir l'existence de la créance
cédée au temps du transport, quoiqu'il soit fait
sans garantie (art. 1693). Les mots : « quoiqu'il
soit fait sans garantie, » doivent être entendus
dans le sens de l'art. 1626 : « Quoique, lors de la
vente, il n'ait été fait aucune stipulation sur la
garantie. » En d'autres termes, comme le dit ce
même article, le vendeur est obligé de droit à garantir l'acheteur; cette obligation n'a pas besoin
d'être stipulée, elle résulte de la nature même de
la vente. D'après l'art. 1603, le vendeur a deux
obligations principales : celle de délivrer et celle
de garantir la chose qu'il vend. Ce qui est vrai du
vendeur en général est vrai aussi du cédant. Il n'y
a pas de vente sans objet; il faut donc que la
créance cédée existe lors du transport, sinon il n'y
a pas de cession.

Il peut arriver cependant que les parties stipu-
lent expressément dans l'acte qu'il n'y aura pas
de garantie. C'est d'après les règles générales qu'il
faut déterminer l'effet de cette clause. Nous appliquerons par conséquent, en pareil cas, l'art. 1629,
et nous n'entendrons pas la clause en ce sens que
le vendeur d'une chose qui n'existe pas pourra
conserver le prix ; il ne devra pas de dommages
et intérêts, mais il restituera le prix acquis *sine
causa*. Pour qu'il en fût autrement, il faudrait ou
que le cessionnaire eût acheté la créance à ses ris-

ques et périls, ou qu'il eût connu au moment de la cession le danger de l'éviction (arg., art. 1629). Dans ces deux cas, en effet, il y a vente aléatoire ; ce qui est cédé, c'est une chance, on ne peut donc pas dire, en cas de non-réussite, que le prix a été payé sans cause.

Remarquons enfin que le cédant répond toujours de ses faits personnels et qu'il lui est absolument interdit de se soustraire à cette responsabilité : toute clause contraire, si formelle qu'on la suppose, est nulle et non avenue (art. 1628 ; Req. rej., 7 juillet 1851 ; Sir., 51-1-471).

En déclarant expressément ne garantir que ses faits personnels, le cédant n'en reste pas moins tenu de la restitution du prix de la cession en cas d'éviction du cessionnaire. Cette déclaration équivaut a une clause de non-garantie : elle le dispense de payer des dommages et intérêts ; mais elle ne produit pas d'autres effets (Paris, 26 nov. 1836 ; Sir., 37-2-34).

II. — *De la garantie de fait.*

Ainsi que nous venons de le voir dans le numéro précédent, le cédant ne répond pas de plein droit de la solvabilité du débiteur cédé : *præstat veritatem non bonitatem nominis.*

Mais rien ne l'empêche d'augmenter l'obligation qui résulte naturellement du contrat ; il est libre de s'engager par une clause spéciale à garantir la solvabilité du débiteur. C'est ce que porte l'article 1694 ; seulement l'art. 1695 ajoute immédiatement :

« Lorsque le cédant a promis la garantie de la solvabilité du débiteur, cette promesse ne s'entend que de la solvabilité actuelle et ne s'étend pas au temps à venir si le cédant ne l'a expressément stipulé. »

Ces règles ne soulèvent aucune difficulté de principe, et l'on ne peut guère se heurter, dans la pratique, qu'à des embarras résultant de l'insuffisance ou de la mauvaise rédaction des clauses destinées à établir cette garantie de fait. Dans chaque espèce, pour déterminer l'étendue de l'obligation du cédant, on devra se décider par l'interprétation de la commune intention des parties, en tenant compte des termes de l'acte et des circonstances particulières qui ont accompagné la cession. Certaines clauses qu'on rencontre souvent dans les actes de transport doivent à un usage ancien et à une jurisprudence établie par nos anciens parlements et maintenue sous l'empire du droit nouveau d'avoir un sens exactement déterminé.

C'est pourtant une question controversée que celle de savoir comment on doit interpréter la clause pure et simple de garantie quand elle a été exprimée dans l'acte. Certains auteurs enseignent que cette clause contient la promesse de la garantie de la solvabilité actuelle du débiteur ;

ils invoquent en ce sens l'opinion de *Loyseau* et les art. 1157 et 1602 du Code civil (Duvergier, *Vente*, n° 272. — Troplong, *Vente*, t. II, n° 938).

Cette opinion ne nous paraît pas devoir être admise. L'art. 1630 met sur la même ligne la promesse de garantie et la garantie qui existe de droit sans stipulation aucune; la loi le décide ainsi par application générale d'interprétation : lorsque les parties contractantes transcrivent dans leur contrat une disposition de la loi, celle-ci ne change pas de nature et ne produit pas un effet différent. La raison est que ces clauses sont de style et n'impliquent en aucune façon l'intention d'ajouter quelque chose aux effets de la loi. Mais, dit-on, c'est déroger à la règle de l'art. 1157 portant qu'on doit toujours entendre une clause avec le sens qui lui donne un effet. Nous ne le pensons pas, la clause de garantie aura un effet, puisqu'elle aura celui que la loi lui attribue; ce serait abuser de l'art. 1157 que d'en tirer cette conséquence, évidemment inadmissible dans beaucoup de cas, par exemple dans le cas de l'art. 1630. Nos adversaires invoquent encore l'art. 1602; nous leur répondrons qu'il ne s'applique pas aux clauses particulières que l'acheteur ou le cessionnaire peut avoir stipulées dans son intérêt; ce n'est pas l'art. 1602, mais bien l'art. 1162 qui est applicable dans l'espèce; et on doit admettre comme principe que dans le doute, c'est contre celui qui a stipulé, le cessionnaire dans notre cas, que l'on doit se prononcer. Reste l'opinion de Loyseau ; elle est contre nous, mais comme elle est en même temps contre le texte du Code civil, elle ne doit pas nous arrêter. « Garantir une rente, dit Loyseau (*De la garantie des rentes*, ch. III, n°s 18 et 20), qu'est-ce autre chose sinon la faire bonne, c'est-à-dire bien payable et perceptible? Outre cela, quelle apparence y aurait-il qu'en un contrat de bonne foi le vendeur eût l'argent de l'acheteur, et l'acheteur n'eût rien que du papier? Ce n'est pas une vraie dette qu'une dette imperceptible. » On pourrait faire valoir toutes ces raisons pour en induire que le cédant doit, sans clause aucune et par la nature du contrat, répondre de la solvabilité du débiteur. C'est donc trop prouver, car c'est se mettre en dehors de la théorie du Code.

Tout ce que nous venons de dire a trait à la question de droit dégagée des circonstances de fait qui pourraient l'entourer. Mais il faut bien se garder de méconnaître le principe général que nous avons posé au début de ce paragraphe, que ces questions sont avant tout des questions d'interprétation de la volonté des parties qui est souveraine ; et, par conséquent, ce n'est qu'à défaut de circonstances pouvant servir à résoudre la question en fait que se pose la question de droit que nous avons discutée.

Relativement aux autres clauses ordinaires, il n'y a pas de doute aujourd'hui, et tout le monde est d'accord pour ne pas modifier la valeur qu'elles avaient déjà dans le dernier état de notre ancien droit.

Ainsi, lorsque le cédant a promis *la garantie de fait* ou *la garantie de tous troubles et empêchements quelconques*, il est certain qu'il répond de la solvabilité actuelle du débiteur.

Il y a un cas dans lequel la solvabilité actuelle du débiteur est garantie sans qu'il soit besoin de stipulation; c'est le cas où il s'agit de la cession d'une rente faite dans un partage par un cohéritier à son cohéritier (art. 886, C. c.). Cette disposition s'explique par cette idée que le législateur a cherché avant tout à maintenir l'égalité entre les cohéritiers; aussi, après avoir posé en principe que le partage est déclaratif de propriété, a-t-il néanmoins organisé la garantie, comme si les copartageants étaient les ayants-cause les uns des autres. C'est dans la même pensée qu'il a mis à la charge des cohéritiers la garantie de la solvabilité des débiteurs héréditaires au moment du partage. Dans les cessions ordinaires de créances, on ne retrouve plus ces motifs; c'est ce qui explique la différence des deux systèmes.

Par solvabilité actuelle, on entend la solvabilité du cédé au moment même du transport, peu importe que la créance soit déjà exigible ou qu'elle ne le devienne que postérieurement. Cela ressort nettement du texte de l'art. 1695. On aurait tort de prétendre, qu'ainsi entendue, la garantie n'est plus d'aucun secours pour le cessionnaire; en effet, à défaut de paiement à l'échéance, il pourra se faire restituer, s'il prouve que l'insolvabilité remonte à l'époque de la cession.

L'article 1695 nous apprend que les parties peuvent convenir que le cédant garantira même la solvabilité future. Il n'y a pas de termes sacramentels, la loi exige seulement que la stipulation soit expresse. C'est aux tribunaux de l'interpréter s'il y a lieu. Il y a une formule traditionnelle qui se perpétue dans les actes, c'est la clause de *fournir et faire valoir*, on est d'accord pour l'interpréter comme une garantie de la solvabilité future du débiteur (Aub. et Rau, § 359 *bis*, n° 6, let. D., et note 72).

Lorsque le cédant a promis la garantie de fait, il ne répond de la solvabilité du débiteur que jusqu'à concurrence du prix qu'il a retiré de la créance (art. 1694). Mais les parties ne pourraient-elles pas convenir du contraire ? Non, dit-on, dans une première opinion : l'art. 1694 a eu pour but d'empêcher une convention usuraire ; or, si le débiteur est réellement solvable et si le cédant garantit cette solvabilité jusqu'à concurrence de 2000 fr., montant de la créance, pourquoi la céderait-il pour 1500 fr. ? C'est un bénéfice sans cause qu'il procure au cessionnaire, et ce bénéfice n'est en réalité qu'une usure (Colm. de Sant., n° 140 *bis*, I et II). Nous ne pensons pas que cette opinion doive être suivie ; elle manque de fondement. L'article 1694 ne peut être invoqué à l'appui, il est en effet rédigé dans l'hypothèse où les parties n'ont pas fait la convention qui nous occupe. Supposons qu'il y ait probabilité d'usure, une probabilité, une possibilité qu'il en sera souvent ainsi, ne sont pas une présomption ; pour qu'il y ait présomption légale, il faut un texte qui l'établisse clairement. Il faut donc maintenir le principe de la liberté des conventions, sauf à examiner en fait si la clause ne cache pas une convention usuraire. (Duranton, t. XVI, p. 530, n° 513. Laurent, n° 559.)

Pour recourir contre le cédant, le cessionnaire doit établir l'insolvabilité du débiteur. De là suit qu'il doit commencer par discuter le débiteur, et s'il y a des cautionnements et des hypothèques, il doit discuter les cautions et poursuivre les détenteurs des immeubles hypothéqués à la sûreté de la créance (Aub. et Rau., § 359 *bis*, note 73).

Les parties peuvent déroger à ces règles, puisque la loi leur permet d'ajouter à l'obligation de garantie, comme elles sont libres d'en diminuer l'effet (art. 1627). Ainsi le cédant peut s'obliger à payer pour le débiteur, sans exiger des poursuites, et après un simple commandement fait à ce dernier. Cette clause était déjà usitée au temps de Pothier, qui en parle en ces termes : « Cette garantie diffère de la précédente (fournir et faire valoir) en ce que le cessionnaire ne s'oblige à d'autres poursuites, à diligences contre le débiteur, qu'à un simple commandement. » (*Traité de la vente*, p. 325, § 571.)

En vertu de cette clause, l'obligation du cédant change de nature ; il devient obligé personnel, ce qui change l'étendue des effets de la garantie. D'après l'art. 1694, il n'était obligé qu'à la restitution du prix qu'il a retiré de la cession ; par suite de son engagement et de la qualité d'obligé personnel qui en résulte, il est tenu au paiement de l'intégralité de la créance (Aub. et Rau, § 359 *bis*, n° 6, let. D ; Troplong, II, 944 et 949 ; Duvergier, II, 273).

Il nous reste à nous demander si, dans certains cas, le cédant ne sera pas déchargé de son obligation de garantie par suite de circonstances imputables au cessionnaire.

La solvabilité future s'entend de la solvabilité à l'époque de l'échéance de la dette ; car le cédant n'a pas promis que le recouvrement de la créance serait toujours possible, mais simplement qu'il ne cesserait pas de l'être dans le délai à courir entre le transport et le jour de l'exigibilité. Le cessionnaire devrait donc s'imputer à lui-même le préjudice qu'il éprouverait par suite d'une insolvabilité du cédé, postérieure à l'échéance de la créance, s'il avait tardé à poursuivre le débiteur ou s'il lui avait accordé un délai. Tel était déjà, autrefois, le sentiment de Loyseau, qui invoquait en ce sens la loi I, titre III, liv. V, au Code (Loyseau, *de la garantie des rentes*, ch. II, n° 15). Telle est encore aujourd'hui la solution de la jurisprudence, conforme aux principes de notre droit, autant qu'à l'équité (Paris, 27 mars 1817. Sir. 18-2-57; — Paris, 18 mars 1836. Sir. 36-2-271). On invoquerait en vain l'art. 2039, à l'appui de la solution contraire; car, si une simple prorogation de terme, accordée par le créancier au débiteur principal, ne décharge point la caution, c'est que celle-ci a le droit d'agir contre le débiteur, dès que la dette est devenue exigible par l'échéance du terme sous lequel elle avait été contractée (art. 2032, 4°, et 2039). La même faculté n'appartenant évidemment pas au cédant, on ne peut tirer de cet article 2039, un argument d'analogie pour notre cas.

De même, si la créance n'est devenue irrécouvrable que par le fait du cessionnaire qui a imprudemment donné mainlevée d'une hypothèque ou consenti à décharger une caution, la clause par laquelle le cédant a garanti la solvabilité future du cédé ne saurait être invoquée contre lui. En effet, l'insolvabilité du débiteur, dans cette hypothèse, ne cause un préjudice au cessionnaire que par suite de la perte du gage ou du cautionnement qui assurait le paiement; c'est donc le cessionnaire lui-même qui a rendu la créance mauvaise, partant, il n'est pas recevable à s'en prendre au cédant.

La question est plus délicate lorsque l'impossibilité d'obtenir le paiement de la créance résulte non plus du fait du cessionnaire, mais de sa simple négligence. Le cessionnaire a, par exemple, omis

de renouveler à temps l'inscription d'une hypothèque, le débiteur étant insolvable, cette omission a pour conséquence la perte totale ou partielle
de la créance. Le cédant est-il soumis à un recours
en garantie?

Une controverse s'est engagée sur ce point; la
négative nous paraît de beaucoup préférable à
l'affirmative.

Pour avoir promis la solvabilité future du cédé,
le cédant n'en a pas moins cessé d'être propriétaire
de la créance, il n'a donc plus à s'en occuper; on
ne saurait lui faire un grief de n'avoir pas pris les
mesures conservatoires d'un droit qui ne lui appartient pas. En outre, les principes généraux de
la garantie nous démontrent que l'acheteur peut
perdre son recours par suite d'une simple négligence : aux termes de l'art. 1640, la garantie pour
cause d'éviction cesse par le seul fait que l'acquéreur s'est laissé condamner sans appeler son vendeur, si celui-ci prouve qu'il existait des moyens
suffisants pour faire rejeter la demande. Ce principe doit recevoir son application à la garantie de
fait aussi bien qu'à la garantie de droit, car la garantie de fait n'est qu'une extension de la garantie
de droit.

On a invoqué contre ce système l'art. 2037, qui
ne parle que du *fait* et non de la négligence. Nous
répondrons qu'il est admis par une jurisprudence
constante que dans cet article le mot *fait* ne désigne pas seulement un fait positif, une action, mais

s'entend aussi d'un simple fait négatif, d'une omission. C'est du reste ce qu'établissent nettement les travaux préparatoires du Code civil. Dans son rapport au Tribunat, M. Chabot expliquant la disposition de l'art. 2037 disait : « Quand le créancier s'est mis *hors d'état* de faire à la caution la subrogation de ses droits et hypothèques, la caution est déchargée. » (Locré, t. XV, page 349.) Ajoutons qu'il devait bien en être ainsi dans une législation établissant, au profit de la caution qui paie pour le débiteur principal, une subrogation de plein droit et forcée. (Req. rej., 8 mai 1826; Sir., 27-1-215.)

Terminons par une observation commune à la garantie de droit et à la garantie de fait :

L'obligation du cédant ne se prescrit que par trente années (art. 2262), qui ne commencent à courir que du jour de l'exigibilité de la créance, ou du jour de l'éviction, si le cessionnaire, après avoir reçu le paiement, est soumis à restitution en vertu d'une cause antérieure au transport (article 2257).

Notons enfin que tout ce que nous venons de dire touchant la garantie n'a trait qu'aux cessions à titre onéreux. Si la cession était à titre gratuit, la garantie de droit ne serait pas due, sauf dans le cas où l'acte est une constitution de dot (articles 1440 et 1547).

SECTION II

OBLIGATIONS DU CESSIONNAIRE

Nous ne trouvons rien ici de particulier à la cession des créances. Le cessionnaire, comme tout acheteur, est tenu de payer le prix de vente au lieu et à l'époque déterminés par la convention, et, à défaut de stipulation, au lieu et au moment où doit s'effectuer la délivrance (art. 1650 et 1651).

Il devra des intérêts dans les cas suivants : lorsqu'il en aura formellement promis ; lorsqu'il aura été sommé de payer le prix ; enfin lorsque la créance cédée sera elle-même productive d'intérêts (article 1652).

APPENDICE

DES CRÉANCES LITIGIEUSES

La cession des créances litigieuses prohibée par la loi romaine était au contraire admise dans notre ancien droit.

Il est à peine besoin de dire que les rédacteurs du Code n'ont pas reproduit une prohibition qui n'avait jamais été adoptée en France. Ils ont consacré les règles établies par nos anciens auteurs ; c'est-à-dire que tout en permettant le commerce des créances litigieuses, ils l'ont soumis à certaines dispositions qui ont pour but de prévenir des abus contraires au bon ordre de la société.

Nous trouvons dans le Code civil deux dispositions concernant spécialement les créances litigieuses.

La première (art. 1597) est spéciale à certaines personnes, elle établit contre ces personnes l'incapacité d'accepter la cession d'une créance litigieuse.

La seconde (art. 1699-1701) est générale ; elle a pour objet de restreindre les effets de la cession des créances litigieuses quand cette cession a été valablement faite.

Examinons la première de ces dispositions. Aux termes de l'art. 1597 les juges, leurs suppléants, les magistrats remplissant le ministère public, les greffiers, huissiers, avoués, avocats et notaires ne peuvent devenir cessionnaires des procès, droits et actions litigieux qui sont de la compétence du tribunal dans le ressort duquel ils exercent leurs fonctions.

Mais que faut-il entendre par ces mots : « droits et actions litigieux »?

Quand nous étudierons tout à l'heure le retrait litigieux, nous n'aurons pas de peine à résoudre cette question qui, pour ce cas en effet, a été tranchée par un texte formel, l'art. 1700, ainsi conçu : « La chose est censée litigieuse dès qu'il y a procès et contestation sur le fond du droit. »

Comme nous n'avons pas de disposition semblable pour notre hypothèse, on se demande, si l'on doit se reporter à la définition donnée par l'art. 1700, ou si, au contraire, il ne faut pas donner à ces mots le sens large autrefois indiqué par Pothier et considérer comme litigieuse toute créance susceptible de contestation et pouvant donner lieu à un procès ultérieur? On chercherait en vain la solution de cette question dans les travaux préparatoires du Code ; car, si Portalis dans le passage de l'exposé des motifs concernant notre article a parlé des droits et actions *qui sont ou peuvent être* portés devant le tribunal, et semble ainsi favorable à l'interprétation la plus large (Locré, XIV p. 149 et 150, n° 17) ; M. Faure a formellement déclaré devant le Tribunat en expliquant l'incapacité proposée que « la chose est censée litigieuse dès qu'il y a procès et contestation sur le fond du droit. » (Locré, XIV, p. 195, n° 15.)

En présence de cette contradiction, nous sommes obligé de chercher dans le texte même de l'article la raison de décider. Or la loi défend aux différentes personnes qu'elle énumère de se rendre cessionnaire des *procès, droits et actions litigieux.* Il est peu probable que des expressions si différentes aient été employées pour désigner une même chose : après avoir prohibé l'achat des procès, c'est-à-dire des contestations déjà engagées, les rédacteurs en ajoutant ces mots : *droits et actions litigieux,* ont sans doute eu l'intention d'interdire aux mêmes personnes l'achat de droits sujets à contestations futures et probables. La question de savoir si un droit est ou non litigieux est donc une simple question de fait ; c'est ce qu'admet la jurisprudence de la Cour de cassation qui décide qu'en cette matière l'appréciation des juges du fait est souveraine (Req. rej., 11 février 1851, Sir., 51-1-199 ; Req. rej., 27 novembre 1866, Sir., 67-1-196).

Quelle est la sanction de l'art. 1597? La fin de l'article nous l'apprend, c'est la nullité. Mais cette nullité est-elle absolue et par conséquent susceptible d'être invoquée par tous les intéressés? Le fondement de cette disposition, motivée par le désir de maintenir l'intégrité et la dignité de la justice et de ses auxiliaires, nous montre bien qu'il y a là une nullité d'ordre public ; c'est pourquoi nous pensons, contrairement à l'opinion de la majorité des interprètes, que la nullité peut être invoquée soit par le cédé, soit par le cédant, soit même par le cessionnaire. (Duvergier, t. 1er, p. 238, n° 200, *Contrà :* Aub. et Rau, IV. p. 453 et note 3, § 359 ; Colm. de Santerre, VII, p. 45, n° 24 *bis*, III).

Nous arrivons maintenant à la seconde disposition spéciale aux créances litigieuses. L'article 1699 porte :

« Celui contre lequel on a cédé un droit litigieux peut s'en faire tenir quitte par le cessionnaire en lui remboursant le prix réel de la cession avec les frais et loyaux coûts, et avec les intérêts à compter du jour où le cessionnaire a payé le prix de la cession à lui faite. »

Et l'art. 1700, que nous citions tout à l'heure, déclare que « la chose est censée litigieuse dès qu'il y a procès et contestation sur le fond du droit. »

L'art. 1700 montre bien par ses termes qu'il n'y a pas à s'inquiéter de la valeur des moyens invoqués par le débiteur pour faire tomber les prétentions du créancier. Il n'appartient pas aux juges d'apprécier si la défense est bien fondée ; elle existe, cela suffit. Il n'en serait autrement que si la créance avait déjà fait l'objet d'un procès antérieur et qu'elle se trouvât constatée par un jugement passé en force de chose jugée (Civ. cass., 4 mars 1823, Sir., 23-1-204).

Une jurisprudence constante et plusieurs fois confirmée par la Cour de cassation ne déclare litigieuse que la créance, qui, antérieurement à la cession, était l'objet d'un débat judiciaire relatif à son existence ou à sa quotité. Ce n'est en effet que lorsqu'un véritable procès a été engagé devant les juges compétents et que des conclusions tendant à faire déclarer la créance inexistante ou éteinte en totalité ou en partie, ont été prises par le débiteur, que ce dernier a définitivement manifesté son intention de contester le droit du créancier. Dès lors, il est certain que tout cessionnaire de cette créance se trouvera en conflit avec le cédé, qui est incontestablement en droit de prétendre qu'on a cédé contre lui un droit litigieux. (Civ. cass., 1er mai 1866, Sir., 66-1-247; Civ. cass., 11 décembre 1866, Sir., 67-1-16; Civ. rej., 4 février 1867, Sir., 67-1-121; Civ. cass., 29 juillet 1868, Sir., 68-1-438; Paris, 3 février 1867, Sir., 68-2-16.)

Jusqu'à quel moment l'exercice du retrait est-il possible ? Pothier enseignait que le cédé pouvait user de cette faculté tant que le litige n'était pas terminé, en faisant toutefois cette réserve qu'il ne serait pas recevable à s'en prévaloir seulement à la veille du jugement, alors que le cessionnaire serait parvenu à dissiper tous les doutes sur la légitimité de la créance. Nous ne pensons pas que cette opinion doive être suivie dans notre droit actuel; elle n'est indiquée par aucune expression des textes, et en outre, elle a l'inconvénient de livrer la solution de la question à l'arbitraire du juge. Aussi, admettons-nous que la demande en retrait est recevable aussi longtemps que le litige n'est pas définitivement terminé. Elle peut donc être formée pour la première fois en instance d'appel. Elle serait même admissible après une décision rendue en dernier ressort, si cette décision se trouvait attaquée par voie de requête civile ou de recours en cassation. Mais la simple éventualité d'un recours extraordinaire, dont le délai ne serait pas encore expiré ne suffirait pas pour autoriser l'exercice du retrait (Aub. et Rau, t. IV, p. 457; Poitiers. 12 mai 1857; Sir., 57-2-241; Req. rej., 5 mai 1835; Sir., 35-1-627; Bordeaux, 18 janvier 1839; Sir., 39-2-261).

L'art. 1701 dispose formellement que l'exercice du retrait litigieux n'est pas possible :

1° Dans le cas où la cession a été faite à un cohéritier ou co-propriétaire du droit cédé.

2' Lorsqu'elle a été faite à un créancier en payement de ce qui lui est dû.

3' Lorsqu'elle a été faite au possesseur de l'héritage sujet au droit litigieux.

Voici quelle est l'espèce prévue par ce dernier cas : Paul achète l'immeuble de Pierre. Un créancier hypothécaire de ce dernier poursuit le délaissement de l'immeuble, Pierre appelé en garantie par Paul, conteste les droits de ce prétendu créancier dont il prétend n'être pas débiteur. Paul pourrait attendre l'issue du débat engagé sur ce point; mais il a des doutes sur le triomphe de son vendeur, et il aime mieux se mettre immédiatement à l'abri d'une éviction; il achète les droits prétendus du créancier demandeur ; il est certain que Pierre ne pourra pas exercer le retrait.

L'art. 1701 ne mentionne pas au nombre des exceptions le cas où la cession est faite à titre gratuit. Il est incontestable néanmoins que, dans notre législation, comme en droit romain et dans l'ancien droit, le retrait n'est pas admis contre la cession de droits litigieux consentie à titre gratuit; et l'on peut dire que, si l'art. 1701 ne mentionne pas ce cas au nombre des exceptions, c'est que c'était inutile, vu qu'il ne rentre pas dans la disposition de l'art. 1699. La condition du retrait en effet est, d'après cet article, le remboursement du prix de la cession, c'est dire que cette disposition ne vise que les cessions à titre onéreux; elles seules en effet étaient suspectes; et le motif du retrait, qui est la haine des spéculateurs, ne saurait s'appliquer aux cessionnaires à titre gratuit. Mais il reste bien entendu que la fraude, ici comme partout, est impuissante à conférer un droit ; et que, par conséquent, si la donation masque un contrat à titre onéreux, il y aura lieu d'appliquer l'article 1699.

Si la donation impose certaines charges au donataire, il faudra examiner si elle constitue une véritable libéralité ou un transport à titre onéreux. Les magistrats détermineront le caractère de l'acte d'après les éléments de la cause : suivant qu'ils y verront une donation ou une vente, ils rejetteront ou admettront la demande de retrait

(Req. rej., 15 mars 1826. Sir. 26-1-397. — Toulouse, 13 déc. 1830. Sir., 31-2-291).

On doit également considérer comme soustraite au retrait la cession d'un droit litigieux qui ne formerait que l'accessoire d'un droit principal non litigieux, transmis par la même convention (Pothier, n° 505. — Aub. et Rau, p. 458).

Il nous reste à dire quel sera l'effet du retrait quand il aura été exercé. Beaucoup d'opinions et de distinctions ont été proposées sur cette question délicate. Sans vouloir entrer dans la discussion des divers systèmes, nous pensons que deux points de vue doivent être envisagés : entre le retrayant et le retrayé, le retrait subroge le premier au second comme si celui-ci avait toujours été étranger au contrat ; — dans les relations du cédant avec le retrayé, le retrait ne change rien au contrat primitif. (Demol., *Rev. prat.*, VII, p. 335. — Contra M. Labbé. *Rev. crit.*, VI, p. 144.)

POSITIONS

DROIT ROMAIN

I. — Les créances sont incessibles en principe.

II. — Les *privilegia personæ* qui ont leur principe dans la personne du cédant ne peuvent être opposés par le cessionnaire au cédé.

III. — Les *privilegia personæ* qui ont leur principe dans la personne du cessionnaire ne peuvent être opposés par le cessionnaire au cédé.

IV. — Le bénéfice de compétence qui appartient au débiteur contre le cédant est opposable au cessionnaire.

V. — L'exception de dol du chef du cédant est opposable au cessionnaire.

VI. — Lorsqu'une créance a été vendue comme hypothécaire, le cédant garantit que l'hypothèque a été valablement constituée par le propriétaire du bien engagé.

VII. — C'est le cessionnaire et non le débiteur qui doit prouver le prix de la cession pour permettre l'application de la constitution d'Anastase.

VIII. — La formation du mariage à Rome ne dépendait exclusivement ni du consentement des époux, ni de leur cohabitation : c'était une question de fait dont la solution variait suivant les circonstances

DROIT CIVIL

I. — Les créances alimentaires, soit qu'elles dérivent de la loi, soit qu'elles résultent d'un acte de libéralité, doivent être, sans distinction, déclarées incessibles.

II. — La volonté des parties est impuissante à rendre incessible un droit cessible de sa nature ; ce pouvoir n'appartient qu'à la loi.

III. — Une personne en état de déconfiture peut valablement céder une créance.

IV. — Dans l'art. 1690, le mot *tiers* doit être entendu dans un sens large, comprenant tous ceux qui n'ont pas figuré à l'acte et qui ne représentent pas les parties comme héritiers ou successeurs universels.

V. — Les particuliers sont libres de contracter leurs obligations, même purement civiles, sous la forme d'obligations à ordre ou au porteur, et d'en soustraire ainsi la cession à l'application de l'article 1690.

VI. — L'hypothèque attachée à une obligation

à ordre ou au porteur se transmet de la même manière que la créance qu'elle garantit.

VII. — Les cessionnaires partiels d'une même créance doivent être admis à se partager contributoirement les sommes payées par le cédé, alors même qu'ils ne sont devenus cessionnaires que successivement et à des dates différentes.

VIII. — La signification, venant après une saisie-arrêt pratiquée par un créancier du cédant, vaut à l'égard de ce créancier comme une seconde saisie-arrêt.

IX. — Lorsque la signification a été faite entre deux saisies-arrêts, la seconde saisie ne confère aucun droit au créancier qui l'a faite.

X. — L'art. 1694, réglant l'étendue de l'obligation de garantie, est applicable à la garantie de droit.

XI. — La cession faite en violation des prescriptions de l'art. 1597 est frappée d'une nullité absolue.

XII. — La définition de la créance litigieuse contenue dans l'art. 1700 ne doit pas être appliquée à l'interprétation de l'art. 1597.

XIII. — L'assureur qui a payé au propriétaire le montant du dommage causé n'est pas subrogé aux droits et actions que celui-ci peut avoir contre ses locataires.

XIV. — La nullité de la donation faite à la femme mariée et acceptée par elle sans l'autorisation de son mari n'est pas absolue.

DROIT COMMERCIAL

I. — L'article 1690 du Code civil s'applique même à la cession des créances de nature commerciale.

II. — En cas de faillite du cédant la signification du transport peut être utilement faite jusqu'au jugement déclaratif.

DROIT CRIMINEL

I. — L'action publique, une fois mise en mouvement par la plainte du breveté, pour délit de contrefaçon, ne peut plus être arrêtée par le désistement du plaignant.

II. — Le fait d'avoir fracturé un meuble, avec l'intention d'en voler le contenu, alors que ce meuble ne contenait rien, ne constitue pas une tentative de vol.

DROIT DES GENS

I. — Un état étranger n'est pas justiciable des

tribunaux français à raison des obligations par lui contractées envers des citoyens français.

II. — Quand une annexion de territoire porte sur un état tout entier, la nationalité du pays conquérant est imposée à tous les sujets du pays annexé sans distinction.

Quand, au contraire, l'annexion ne porte que sur une partie d'un état, le changement de nationalité ne devrait atteindre que les individus se rattachant au territoire annexé par le double lien de l'origine et du domicile.

Vu par le Président de la Thèse,

Ch. BEUDANT.

Vu par le Doyen,

G. COLMET DAAGE.

Vu et permis d'imprimer :
Le Vice-Recteur de l'Académie de Paris,

A. MOURIER.

Paris-Vaugirard. — Typ. N. Blanpain, 7, rue Jeanne.

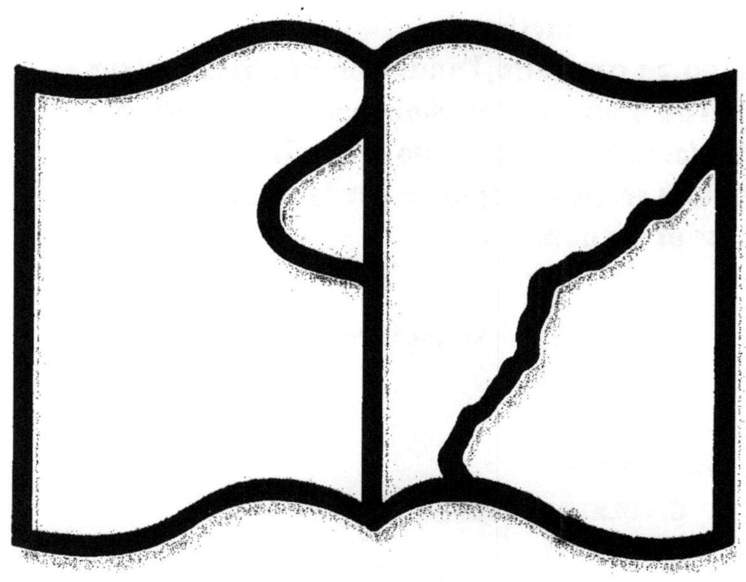

Texte détérioré — reliure défectueuse

NF Z 43-120-11

www.ingramcontent.com/pod-product-compliance
Ingram Content Group UK Ltd.
Pitfield, Milton Keynes, MK11 3LW, UK
UKHW021021140726
13695UKWH00001B/394